マレーシア不動産投資のススメ

不動産購入前の注意事項
運営管理から投資戦略まで

マレーシア【東マレーシアと西マレーシア】

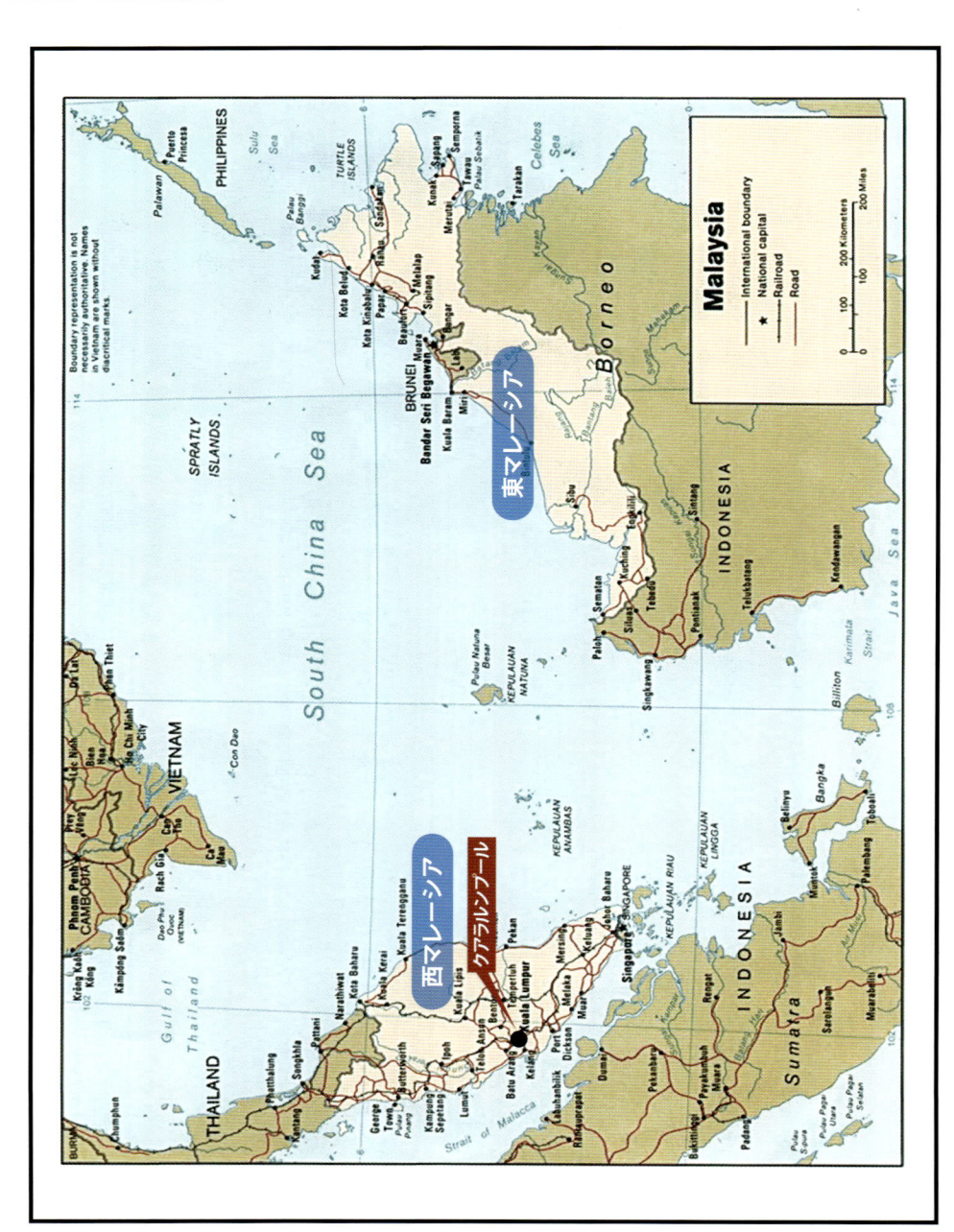

グレート・クアラルンプール電車 交通網

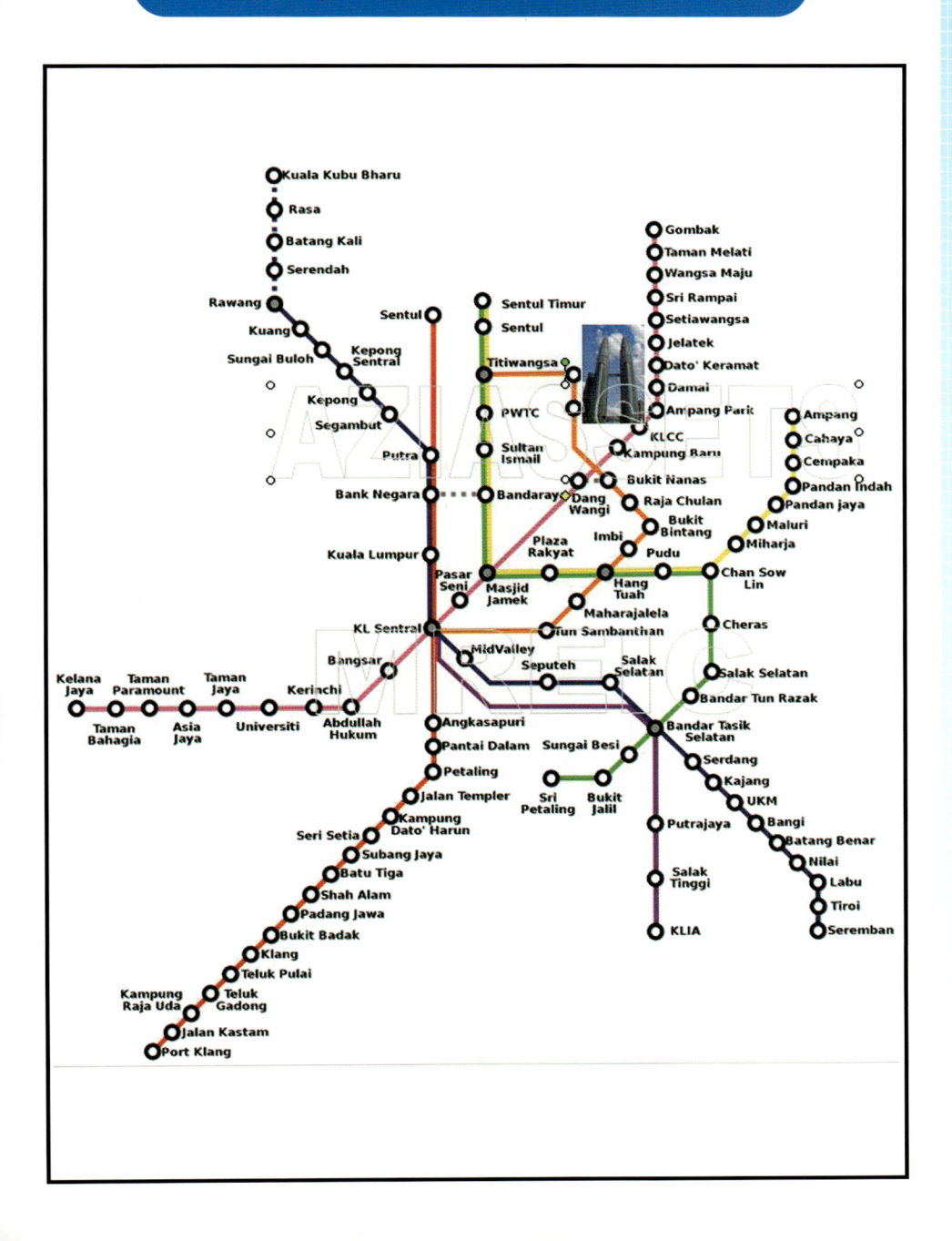

マレーシアの魅力

市内の高級デパート

ヒンズー教の聖地 マレーシア最大の鍾乳洞 バトゥ・ケイブ

クアラルンプールの
ランドマーク
KLCC ツインタワー

ジョホールイスカンダル
アウトレットモール

世界遺産マラッカ

2008年マレーシアでは初のUNESCO世界文化遺産に登録されました。東西文化融合の古都マラッカ。

リゾートホテル

ライトアップされた市内観光名所

マレーシア北部の観光名所寺院

多民族国家の魅力

マレー系イスラムの正月

中国系(華僑)の旧暦正月

欧米系のクリスマス

インド系の正月

料理の種類が豊富、中華・マレー・インド・洋食・和食…

食材の豊富さと多種多様な料理がマレーシアグルメの楽しみのひとつ

アロー通りの屋台村

郊外にも大きなプロジェクトが急展開

新しい行政都市 プトラジャヤ

サイバージャヤの開発プロジェクト

開発ラッシュの
ペタリンジャヤ産業副都心

大の親日家…「日本的」な物がクアラルンプールでよく見られる

駐在日本人が多いため、日本の季節に合わせて、多くの行事が開催される。

クアラルンプール市内のデパートの東京通り

日本の大手小売流通業者も多数進出している。

日本語対応可能な医療施設も充実（日本の保険も対応可能）

クアラルンプール市内
不動産建設ラッシュ

役所が主催する
マレーシア不動産説明会

サンウェイ・ラグーン
（最優秀ウォーターパーク2012）

スバンジャヤ地区周辺の開発

外国人の多い地域
モントキアラ

都心部だけでなく、中間層向けの郊外不動産開発も進んでいる

高級住宅区バンサー

ジョホールの大型総合開発プロジェクト イスカンダル

イスカンダルのプテリハーバー

コンドミニアム建設ラッシュ

アジア初のレゴランド

マレーシア不動産物

KLCC周辺の高級コンドミニアム

高級コンドミニアムの屋上プールから見たクアラルンプール市内の絶景

件の魅力

高級コンドミニアムのベランダからクアラルンプール市内を一望

洗練された欧米風の中高所得層向けのコンドミニアムの玄関

ホテルを思わせるゴージャスなコンドミニアムのロビー

スーツケース1つで マレーシアで暮らせる！

洗練された欧米風のデザインも売りのひとつ

家具一式完備の投資物件
スーツケース1つですぐ暮らせるのが魅力

ほとんどのコンドミニアムが
プール・ジム・サウナ・テニスコートなどの設備が充実

住民専用テニスコート

高価な機材を整えている
住民専用ジム

住民専用の
広いプール

住民専用のレストラン・バー

都心部高級コンドミニアムの屋上プール
90㎡の広い部屋、なんと2,500万円!

東京と同じ2LDKでも、なんと90㎡の広さ!

1ルーム(現地ではスタジオタイプ)の物件でも60㎡の広さ!

マレーシア不動産投資のススメ

不動産購入前の注意事項
運営管理から投資戦略まで

著 池田哲郎 マレーシア不動産投資クラブ 主宰

Pan Rolling

はじめに

　私は今、投資クラブを運営し、不動産投資家として活動していますが、もともと不動産業界で働いていたわけではなく不動産に関してまったくの素人でした。そもそも、不動産ビジネス自体に対して、仲介業というイメージが強く、地味で泥臭い印象しかありませんでした。サラリーマン大家という言葉を聞くようになって、多額の借金をして賃料収入を得る不動産投資というのは、リスクが高くて自分には縁がない商売だと思っていましたし、不動産より華やかで夢のある業種で仕事をしたいと思っていました。しかし、投資会社で働き始めた社会人１年目に、いろんな業種の事業会社の決算書を分析していて、ひとつ気づいたことがありました。それは、事業をするうえで、ほぼすべての業種から「不動産」は切り離せないものだと。

　2004年当時、外資系ファンドや新興の不動産ファンドの動きが目立つようになり、いわゆるファンドバブルが始まっていて、年を重ねるごとに顕著に不動産価格が上がっていました。ニュースや不動産会社からのいろいろな情報を耳にするうちに、不動産投資に魅力を感じていましたが、知り合いに不動産投資をする人がおらず、不動産に関する知識が乏しい状況で、買いたくてもどうすればいいのかわからないというジレンマがありました。

　そんななか、最初に不動産投資を知るきっかけになったのは、テレビコマーシャルで宣伝されていた「ワンルームマンション経営」でした。まずは、話だけ聞いてみようと思い、テレビコマーシャルで見た会社に電話し、営業マンにアポをとり、話を聞くことにしました。そ

の営業マンに言われたことに妙に納得させられて、なんとなく買ってしまってもいいかなと思い、安易な気持ちで予約申込書を書きました。しかし、売買契約書にサインする直前になって、急に不安になり、不動産投資関連の書籍を読むことにしました。本だけでは理解しきれない内容があり、いくつか疑問に思ったことがあったので、その本を執筆していた不動産業者にセカンドオピニオンを聞くことにしました。その担当者に分析してもらったところ、「それは今の日本で投資する物件ではありません」と言われてハッとしました。その担当者によれば、明らかに周辺の取引事例よりも高値で販売されていて、相当なインフレが来ない限りインカムゲインもキャピタルゲインも狙えないような物件だったのです。結局、「その投資はうまくいかない」という結論に至り、直前でキャンセルすることにしたのです。

　今思うと、あのときにキャンセルしていなければ、適正とは言えない物件を購入し、数千万円の借金を背負い続けることになっていました。何も知らないまま、不動産会社の営業マンの言いなりになって投資することほど怖いものはないと思いました。

　その後、不動産投資について勉強し、縁あってその当時、世界最大の運用規模を誇る大手外資系ファンドに転職し、プロの世界で国内および海外のポートフォリオを運用しながら、不動産投資の実情を学びました。そのときに学んだことは、「不動産」に投資して利益を上げる戦略を「数値化」することでした。プロの世界では、ファンド期間に合わせて５年から７年の収支予測を作り、投資家に計画を提示し、その計画に基づいて運用していきます。特に私が担当した投資プロジェクトは、短期間に安い金利でレバレッジを最大にして投資するようなハイリスク・ハイリターンのファンドだったので、たとえば一坪あたりの賃料単価が1000円違うだけでも、価格に数十億の影響が出

ました。同じ数百億を投資して、数年後に数倍になるか、ほとんどなくなるかという非常にボラティリティの大きいプロジェクトでした。今になって思うと「そんなこと当たり前じゃないか」と言われそうですが、そのとき、「数値化する」重要性を改めて思い知らされたのです。そこで学んだ知識やスキルは、個人の不動産投資でも実践し、語れる技術を習得することができたと思っています。そして、なにより不動産という投資対象を数字で理解し、検証する重要性も……。

本書は、マレーシアの不動産投資で得られる金銭的な利益を追及したい人のためだけの指南書ではありません。世界で通用する知識・スキルを身に付けたい方、海外のネットワークが欲しい方にも読んでいただきたいと思って執筆しました。海外の投資家と話していると、「日本の投資家は海外に出遅れている」ということをよく耳にします。だからこそ、私のこれまでの経験と知識が日本の投資家の参考になって、いずれ世界の強者投資家に負けないような投資チームができたら、と強く思っています。

本書では、海外不動産に分散投資をしたい方が「まず何をするべきか」から始まり、「実践するまでのステップ」「エリアの選定方法」「投資戦略」「法律上必要な情報」「うまく運用する方法」まで紹介しています。これらは、日本国内のみで投資されている方々にこそ読んでほしい内容です。海外に移住しなくても、資産だけを移動させることで、税制上の恩恵や円高のメリットを利用して資産を増やすことは十分可能です。ぜひ実践してほしいと思います。

海外移住したい方、これから海外投資を始める方、海外の不動産オーナーになりたい方、さらには30代、40代の若い世代で資産形成を考えている方にとって、自分の資産を守るためのマレーシア版海外不動

産投資入門書として、本書がお役に立てればうれしい限りです。

マレーシア不動産投資クラブ　代表

池田　哲郎

~注意~

　本書は、2012年末時点の情報に基づいて書かれたものです。法律や制度などは状況によって変化するため、実際に投資を行う際は専門家のアドバイスを受けるようにしてください。

　本文中の価格については、1RM（リンギット）＝25円で換算しています（※急激な為替の変動により、発行時点の数値とは異なっていることも考えられます）。

　本書の内容の使用・適用によって生じたいかなる損失についても、著者ならびに出版社は責任を負いかねます。投資は自己責任で行ってください。

contents

はじめに ― 2

第1章 海外不動産投資の基礎知識 〜メリットとデメリット〜

1 日本が抱えるリスクと今の海外投資の実情 ― 12
バブル時代と今の海外投資の違い／日本が抱えるリスクをヘッジする国際分散投資

2 世界で注目される不動産に投資する ― 23
世界の不動産マーケットの実情／投資家がアジアの不動産を買う理由／ほかの海外金融商品のリスクについて／金銭的なメリット以外に海外の不動産から得られるもの

3 海外不動産投資を始めるときに何からするべきか？ ― 31
ステップ1 目標を設定する　ステップ2 情報を収集する　ステップ3 情報を分析する
ステップ4 戦略を決定する　ステップ5 投資対象となる物件を選別する
ステップ6 投資を実行する　ステップ7 見直しと投資評価

第2章 アジアの中で、なぜマレーシアなのか 〜マレーシアの魅力について〜

1 マレーシア不動産投資の魅力とは ― 38
外国人でも土地を含め所有権を取得できる限られた国／相続税がかからない／日本人が住みたい国「世界No.1」／安い物価と安心して暮らせる住環境／洪水対策の強化／有数の資源産出国／2020年までに先進国を目指す経済政策／先進国に比べて割安かつ伸びしろのあるマーケット／強いマレーシアリンギット（為替）／若い世代が支える人口ピラミッド／世界最大のイスラム金融マーケット

2 マレーシアの不動産投資に関する政策や制度 ― 50
政府系ファンドがスポンサーになり、国家戦略として進めている不動産開発／中国をはじめとした海外企業と共同事業を推進／外国人でも簡単に借りられるローン／日本人に有利なマレーシアの税制／物件の権利登記／経済企画庁（EPF）の承認が必要な場合／制度におけるマレーシア不動産投資のデメリット

3 アジア周辺国との比較 ― 57
マレーシア／シンガポール／インド／インドネシア／タイ／オーストラリア／ベトナム

第3章　グレーター・クアラルンプールのエリア分析

1 トップダウン分析 ———— 66

2 クアラルンプールを知る「6つの指標」の詳細 ———— 68

①人口動態について／②所得水準について／③政府の開発計画について／④物件供給数について／⑤賃料と価格水準について／⑥主な産業と経済規模について

> **column**　スクエアフィート単価について ———— 78

3 グレーター・クアラルンプール主要エリアの特徴 ———— 76

1 クアラルンプール地区中心部（①-1：KLCC　①-2：ブキッビンタン）
2 クアラルンプール地区西部
　（②-1：バンサー　②-2：ダマンサラハイツ　②-3：モントキアラ）
3 クアラルンプール地区南部（③-1：ブルックフィールズ　③-2：ミッドバレー）
4 クアラルンプール地区北部（センツル／ティティワンサ）
5 クアラルンプール地区東部（アンパン）
6 セランゴール州西部
　（⑥-1：ペタリンジャヤ　⑥-2：バンダーウタマ　⑥-3：ダマンサラ・ペルダナ
　⑥-4：コタ・ダマンサラ　⑥-5：バンダー・サンウェイ　⑥-6：スバンジャヤ）
7 セランゴール州南部（⑦-1：サイバージャヤ　⑦-2：プトラジャヤ）

第4章　ジョホールのエリア分析

1 ジョホールを知る「6つの指標」の詳細 ———— 128

①人口動態について／②所得水準について／③政府の開発計画について／④物件供給数について／⑤賃料と価格水準について／⑥主な産業と経済規模について

2 ジョホール主要エリアの特徴 ———— 135

1 フラッグシップA（ジョホールバルエリア）
　（①-1：ジョホールバル　①-2：ダンガーベイ）
2 フラッグシップB（ヌサジャヤとメディエリア）
　（②-1：ヌサジャヤ／コタ・イスカンダル地区　②-2：南工業物流集積地区（SiLC）
　②-3：ヌサジャヤ／プテリ・ハーバー地区　②-4：ヌサジャヤ／メディニ地区
　②-5：ヌサジャヤ／イースト・レダン　②-6：ヌサジャヤ／ホライズン・ヒルズ
　②-7：ヌサジャヤ／ヌサ・イダマン）
3 その他のフラッグシップ（フラッグシップC　フラッグシップD　フラッグシップE）

第5章　エリア別の投資戦略

1　今から狙う投資戦略「グレーター・クアラルンプール編」 ── 166

希少性が高いプレビルド物件を狙う／実需層のバイヤーが多いエリアの物件を狙う／政府が投資する開発エリアを狙う／これから住居が建設される新興都市エリアを狙う／高速道路へアクセスしやすいロケーションを狙う／MRT駅建設予定の半径500メートル以内を狙う／物件供給数が多いエリアを避ける／120平米前後の1LDK～2LDKを狙う／土地付き戸建て物件を狙う／売れ残りのコンドミニアムを避ける

column　距離別の投資戦略 ── 176

2　今から狙う投資戦略「ジョホール州（イスカンダル地区）編」 ── 177

キャピタルゲイン目的で土地付き物件を狙う／キャピタルゲイン目的でシンガポールから近いウォーターフロント地区を狙う

第6章　マレーシアでの資金調達と融資について

1　一般的なローンの概要について ── 180
2　融資申し込みから決済までの流れ ── 185
3　支払いスケジュールの具体的な流れ ── 191
4　繰り上げ返済する場合 ── 193
5　遅延した場合の対処方法 ── 194

第7章　物件購入にまつわるポイントについて

1　マレーシアの不動産投資で用意する資金 ── 196

column　自己資金を少なくして投資するには ── 199

2 物件購入プロセス ———————————————————— 200

3 購入時に必要な諸費用について ——————————————— 207

4 マレーシア不動産の権利関係について ————————————— 209

マレーシア不動産の経緯／借地権［リースホールド（Leasehold）］／自由保有権（Freehold）／区分所有権・空間所有権（Strata Title）／マレーリザーブランド（マレー人保留地）／土地の購入に関する許可について

第8章　物件購入後の賃貸管理について

1 建物の現状を知る ———————————————————— 216

物件があるロケーションの特徴は？／周辺の物件と比較して、高いか、安いか？／類似条件の競合物件が周辺に多いか？　少ないか？／家具設備は十分か？／物件の日常管理、警備業務など、しっかりしているか？

column　競合物件とテナントの奪い合い　------------- 220

2 テナントの募集方法 ——————————————————— 223

インターネットや新聞の広告から／不動産業者を通じて／友人・知人の紹介／ポスティングや張り紙、チラシ

3 賃貸借契約書の締結までの流れと賃貸借契約書の
チェックポイントについて ———————————————— 226

テナントから申込書を提出してもらい、予約金を請求／賃貸借契約書にサインし、デポジットの残額請求／印紙代を納付／チェックするポイントについて／賃貸契約書作成の注意事項

4 管理会社を見極めるチェックポイント ————————————— 231

賃貸借契約の締結内容が条件に反映されているか／テナントを集めることができるか／トラブルに迅速に対応できるか

第9章　出口戦略について

1 出口戦略の考え方 ———————————————— 234
　自分の物件を知る／だれに売るのか？／いつ売るか？

2 住宅物件タイプ別の出口戦略 ————————————— 238
　区分所有の出口／リンクハウス、セミデタッチ（連棟式戸建て）の出口／一戸建て（バンガロー）の出口／一棟の出口

　column リースホールドの売却タイミング ------------- 240

3 転売する場合の売却プロセス ————————————— 242
　未完成物件を転売する場合／完成物件を転売する場合

　column 売買契約書の作成 -------------------- 245

第10章　マレーシアでうまく運用する秘訣

1 秘訣 その1 ～ネットの広告物件に気をつける～　　248

2 秘訣 その2 ～川上の情報を仕入れる～　　249

3 秘訣 その3 ～現地の専門家とチームプレーで勝負する～　　250

あとがき ——————————————————————— 252

第1章

海外不動産投資の基礎知識

~メリットとデメリット~

1 日本が抱えるリスクと今の海外投資の実情

　今、すでに多くの人が海外に目を向け始め、海外で不動産を購入し始めています。なぜ、今、海外不動産投資は注目を集めているのでしょうか。通貨や言葉、文化、そして法制度も異なるのに、わざわざ日本人が海外の不動産を購入してまで得るメリットはあるのでしょうか。そのあたりの事情を見ていきましょう。

1 バブル時代と今の海外投資の違い

　日本で80年代から90年代初頭にかけて海外不動産を購入していたマインドと、現在の海外で不動産を購入するマインドは大きく異なります。

　80年代当時のバブル景気の頃、日本には不動産神話がありました。それは、「不動産を買えば必ず値上がりする」という、今思えば妄想に過ぎない状況が「現実」として受け入れられていたのです。

　ただ、当時は、妄想とは思えないほど不動産事情が活況であったのは事実です。実際、不動産の価格は高騰を続けていましたから、銀行も融資競争を継続し、資金を次から次へと投資家に貸してくれる状態になっていました。

　バブル景気のころですから、金利が高く、月々の返済額が賃料収入を上回っている（マイナス収支になっている）物件も多々あったようです。

　しかし、転売してキャピタルゲイン（譲渡益）を狙う投資家はそんなことは気にしていませんでした。

　この当時の投資は、青天井式に価格が上昇する日本での不動産投資

の経験から、一部の富裕層が自国のバブルで潤った資金を海外へ投資し、マーケットの状況にかかわらず、ギャンブルに似た感覚で不動産を購入していくものだったのです。

　しかし、バブル以降は不動産投資の考え方も変わりました。投資目的で購入していた方に限らず日本で不動産を購入した方は、不動産が暴落するという痛い経験と長引く不況から昔のようにキャピタルゲインを狙わなくなったのです。「日本という限られた土地（＝供給が限られたもの）に多額の投資マネーが入っても、青天井式に不動産価格が上がることはあり得ない」と、このときになってようやく多くの日本人に理解されたからです。

　そして……。「将来どのくらい上がるか分からない価格」に賭けるのではなく、手元に残るキャッシュフロー収支（月々の賃料収入を元に必要経費や保険、金利や税金を支払った後に残るキャッシュ）を計算し、家賃収入（インカムゲイン）を収益源として投資する考え方が多くなりました。その結果、多くの人が保険や年金、退職金代わりとして不動産を購入するようになりました。

　その基本的な考え方は、プロの世界も同じです。しかし、日本にはわかっているだけでもたくさんのリスク（社会保障費の増加、人口減少、地震、高い相続税、年金問題、産業の空洞化、少子高齢化、原発問題など）があります。こうしたリスクがじわりじわりとキャッシュフローに影響してくるであろうことは想像できます。

2　日本が抱えるリスクをヘッジする国際分散投資

　それでは、具体的に「日本」に考えられるリスクはどれほどあるのか順番に見ていきましょう。

①価格下落リスク

　不動産を所有している人にとって、物件価格の下落は大きな問題です。日本の場合、一般的に物件の築年数が経過し、劣化すると賃料が下がり、物件価値は下がります。

　一方、アジアのほかの国では、地価が上昇しているため物件の築年数が経過しても、価格が上がっています。しかも、数年間で価格が2倍以上になったケースも珍しくありません。成長著しいインフレの環境ではこうした「中古物件のほうが新築より高い」現象が起きています。

　時間の経過とともに資産価値が減っていく日本の不動産と、時間が経過しても資産価値が上がっていく海外の不動産。あなたなら、どちらを選択しますか。

　今、起きている成長国への海外投資の流れは、80年代から90年代初頭にかけて行っていたバブルマネーによるものではありません。資産を守るためのリスクヘッジのひとつなのです。

②自然災害リスク

　リスクは価格の下落リスクだけでありません。地震や台風など自然災害の影響で日本の不動産への評価が変わってきていることも大きな問題となっています。

　今まで、"住む環境"として高く評価されていただけに、日本の不動産は外国人にも人気がありました。インフラが整っていて、便利な

日本 vs 海外（リスクの比較表）

	日 本	海 外（マレーシア）
①価格下落リスク	建物の経年劣化により、新築より中古が安くなる	長期的にインフレ傾向。地価が上昇しているため、新築より中古が高くなる
②自然災害リスク	日本は世界有数のプレート衝突地域。津波・地震など自然災害により、不動産価値が下がるリスク。さらに原発事故で購入者・投資家心理に影響	マレー半島に、プレート衝突地域がなく、今まで大きな地震、津波が起きたことがない。地下資源が豊富なので、原発に頼る必要がない
③経済(成長)リスク	2010年、2011年はマイナス成長。日本のメーカー、製造業をはじめとした産業の競争力低下。将来の成長戦略が描きにくい。2020年には生産年齢人口が8000万人を下回り、全体の40％が60歳以上になる	GDPが年平均5～6％で成長。国策で、金融、教育、不動産、ITに力を注ぎ、アジア有数の先進国を目指している。人口増加と若年層の活力が、経済成長を支えている
④財政リスク	GDPに対する政府の債務残高比率は、229％と世界で最も高い。国債の信用力の低下で財政破綻も懸念される。その債務を圧縮するために、相続税、消費税を含め、不動産にかかる税金が増税される傾向。不動産投資家にとって税負担が重い	GDPに対する政府の債務残高比率は、52％。天然資源で得られる豊富な財源と、内需拡大による税収増加で財政が安定している。消費税、相続税がなく、5年以降保有すれば譲渡税はかからない。不動産投資家にとって税負担が軽い
⑤テナントリスク（賃料下落リスク）	2020年にはすべての都道府県で人口が減少するにもかかわらず、物件供給数は増えている。将来的に賃料の上昇カーブが描きにくい	国民の収入が増え、消費力が向上している。実体経済にもとづき、賃料が上昇している

環境、なによりも安心安全な国ということが一番の魅力でした。

しかし、その安全神話が脆くも崩れ去る出来事がありました。東日本大震災と原発事故です。

このときを境に日本の不動産に対する評価も変わりました。地震や津波で家を失うだけでなく、放射能汚染で住めなくなるという想定外のリスクが浮き彫りになったのです。

悪いことに、海外では、メディアが一斉に日本の放射能汚染を煽りました。その結果、「放射能を浴びると子供を産めなくなる」「発ガンする」などのうわさが広まりました。このことを受け、日本＝便利な社会といえども、体の健康被害のリスクを犯してまで住むという選択肢は、外国人の意識から消えていくようになったのです。

3.11以前の日本と3.11以降の日本は別物です。もはや「日本＝安心安全で魅力的な場所」ではなくなったと外国人が感じていることについては受け止めざるを得ない事実です。今では騒ぐ人も少なくなりましたが、外国人は、以前として日本の自然災害リスクを意識しています。

③経済（成長力）リスク

日本の経済成長は昔と比べ、鈍化しています。世界の投資家の多くは、日本の成長力に昔ほど期待しなくなりました。それを一番象徴しているのは、HSBCの日本からの事業撤退でしょう。HSBCは2008年に日本へ事業参入しましたが、成長が著しいアジア金融市場へ事業のウエイトを移していくという経営戦略に合わせ、日本のマーケットでは商売にならないと判断したのです（日本で展開していた富裕層向け金融サービス「HSBCプレミア」事業から手を引き、撤退しました）。

一方、ほかのアジア地域は、好調に業績を伸ばしています。リーマンショック後は日本と同じように一時的に景気が低迷したものの、そ

の後、急回復しています。マレーシアも含めて、株価が過去最高値を記録し、不動産価格も高騰している国がアジアには多く存在します。

　HSBCと同じように、日本マーケットの成長力に見切りをつけ、アジアにシフトし、ビジネス展開を図ろうとしている企業や投資家が増えています。

④財政リスク

　借金大国の日本は2012年時点でギリシャを抜いて、GDP比債務残高がダントツの一位になっています（注：ギリシャは2011年にはGDP比債務残高が229％になり、いつ破綻してもおかしくないといわれていました。次ページ参照）。

　債務がここまで急速に膨らんだのは、ここ20年あまりのことです。1990年代初めには60〜70％であった日本の債務残高は、失われた20年と呼ばれる長期不況の中で景気対策として実施された財政支出や社会保障費の増大で急速に拡大し始めました。今では120年の歴史の中で日本の政府債務残高比率は過去最高水準に達しています（次ページ参照）。

　歴史を振り返ると、太平洋戦争時に同じように債務がふくらみ、その後、急速に縮小した経緯はあります。ただし、このときの動きは戦後の混乱の中、貨幣の流通量に対してモノが圧倒的に少なくなったことで物価の統制が利かなくなって起きた激しいインフレを原因とするものでした。つまり、インフレによって国債の実質的価値が99.7％毀損したことで、結果的に巨額の負債を抱えた国家財政が健全化されたというだけの話です。政府が債務を返済したからではありません。

　戦後とは状況が違う現在の財政問題は深刻です。この状況下で財政を再建するには、増税による補填以外に具体的な解決策はないのです。

　仮に同じようなインフレが起きたとしても 個人の金融資産と所得

GDP比債務残高

順位	国名称	単位：%	前年比	種別	地域
1位	**日本**	229.77	-	国	アジア
2位	ギリシャ	160.81	+2	国	ヨーロッパ
3位	セントクリストファー・ネーヴィス	153.41	-1	国	中南米
4位	ジャマイカ	138.98	+2	国	中南米
5位	レバノン	136.22	-	国	中東
6位	エリトリア	133.82	-3	国	アフリカ
7位	イタリア	120.11	+1	国	ヨーロッパ
8位	バルバドス	117.25	+1	国	中南米
9位	ポルトガル	106.79	+5	国	ヨーロッパ
10位	アイルランド	104.95	+6	国	ヨーロッパ
11位	アメリカ	102.94	-	国	北米
12位	シンガポール	100.79	-2	国	アジア
13位	アイスランド	99.19	+2	国	ヨーロッパ
14位	ベルギー	98.51	-1	国	ヨーロッパ
15位	モーリタニア	92.40	-3	国	アフリカ
16位	コートジボワール	90.53	+25	国	アフリカ

政府債務残高の推移の国際比較

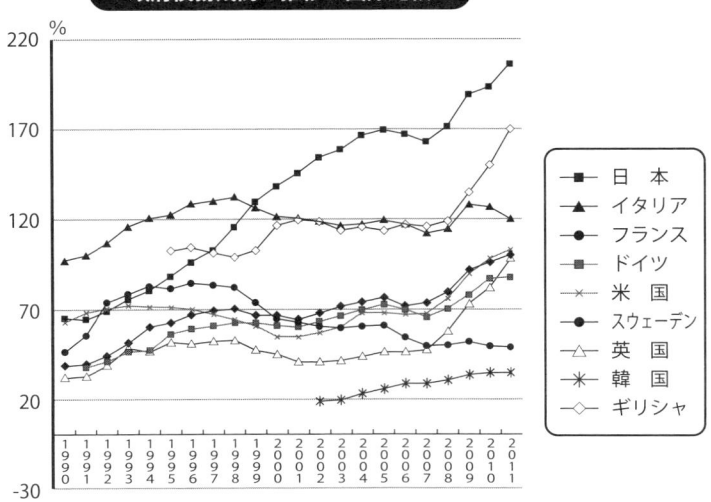

凡例：日本、イタリア、フランス、ドイツ、米国、スウェーデン、英国、韓国、ギリシャ

が大きく目減りしますから、いずれにしろ個人には極めて高い代償が伴います。

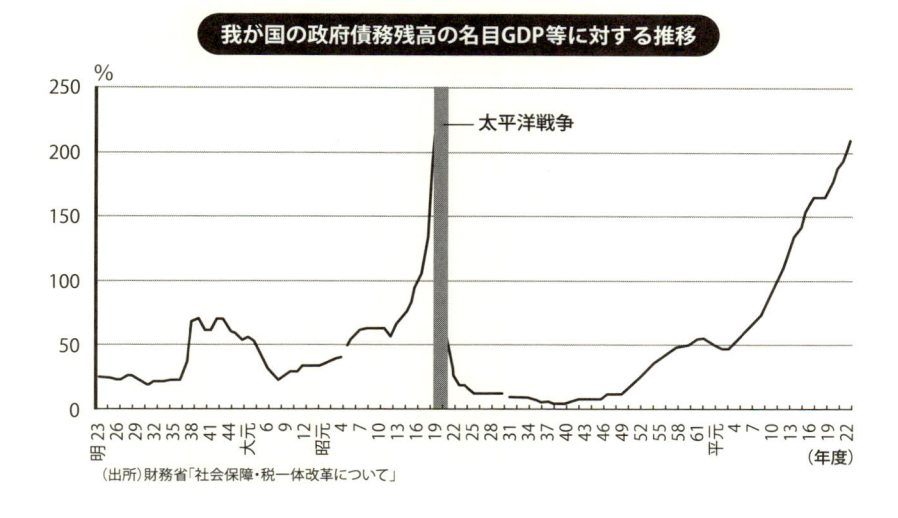

我が国の政府債務残高の名目GDP等に対する推移

(太平洋戦争)

（出所）財務省「社会保障・税一体改革について」

　こういった債務を抱える日本にしがみつき、すべての資産を一カ所に預けておくのはリスクが高いのです。例えば、借金まみれの企業があったとします。さらに業績が悪化して、その企業で働くことに将来性がないと感じたらどういう行動を取るでしょうか。成長性があり、かつ、財政の健全な企業に転職しようと思うのではないでしょうか。
　自分自身がほかの国に移り住んで、仕事を変えるとまではいわないまでも、自分の身代わりとなって働いてくれる資産をほかの国に「転国」させることは、これからの時代、ひとつの手段となるかもしれません。

⑤**テナントリスク**
　日本では一部の都市を除き、ほとんどの地域で人口が減少し、過疎

化が進んでいます。そういった地域では当然、賃貸需要は減少しますから、テナントリスクや賃料下落リスクが高まります。これは人口統計的に避けられない事実です。

　さらに、企業のグローバル化、ならびに生産拠点の海外への移転が進めば、その傾向はこれまで以上に加速していくでしょう。

　日本においては、物件の供給量と人口のバランスは明らかに崩れています。人口は年平均0.07％減少しているにもかかわらず、物件の供給は依然として増えている状況です。統計を見ると、賃貸住宅や別荘なども含む空き家（空室）の総数は2008年までの10年間に約180万戸増え、全住宅の13.1％を占めています。次ページ上段の「世帯主の年齢階層別持家率」を見るとわかるように、持家率の平均は71％もありますが、次ページ下段の「世帯主の年齢階層別家賃・地代を支払っている世帯率」を見ると、借家・借地比率は26％しかありません。しかも、家賃を支払ってくれる20代〜30代以降の世代が減少していることもわかります。その比率は24歳までで76.5％、35歳〜39歳になると40％を切ってしまいます。これは、深刻な問題です。

　また、経済を支える40歳以下人口は48.2％と、賃貸人となる若い層も減ってしまっています。

　こうしたデータを見る限り、決して楽観的な将来予測はできないはずです。人口が減っているにもかかわらず、物件の供給量が増えた今、競争力のない不動産の物件価格は下がり、空室率が増える一方になります。

　世界的な運用会社コーヘン＆スティアーズのボジャリアン氏は「日本の経済や不動産市場については強気な見方をしておらず、当面は空室率の上昇が続くと予想している」と語っています。このように、「長期的には、日本の不動産市場は魅力が薄い」と感じている投資家が多いのは事実です。

　実は、年金の運用先も国内から海外へと変わってきています。

持家率（勤労者世帯、2009年）

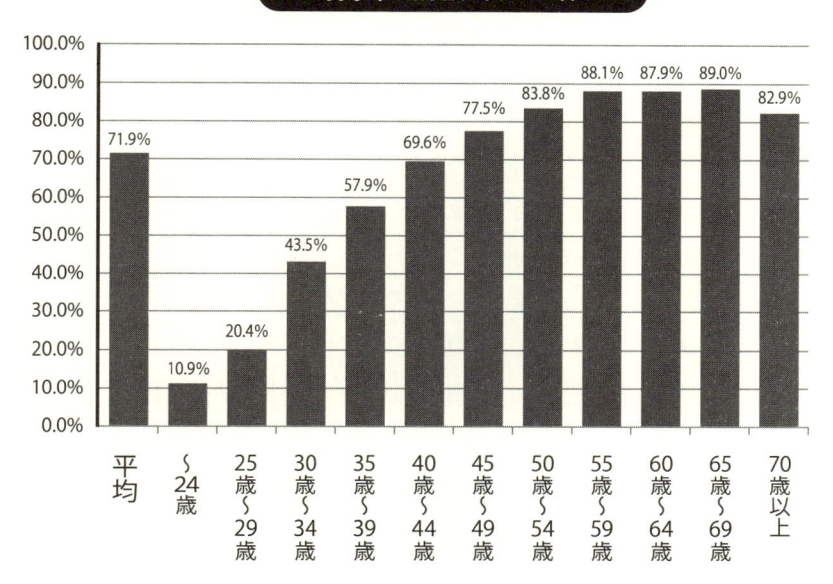

区分	割合
平均	71.9%
～24歳	10.9%
25歳～29歳	20.4%
30歳～34歳	43.5%
35歳～39歳	57.9%
40歳～44歳	69.6%
45歳～49歳	77.5%
50歳～54歳	83.8%
55歳～59歳	88.1%
60歳～64歳	87.9%
65歳～69歳	89.0%
70歳以上	82.9%

家賃・地代を支払っている世帯率（勤労者世帯、2009年）

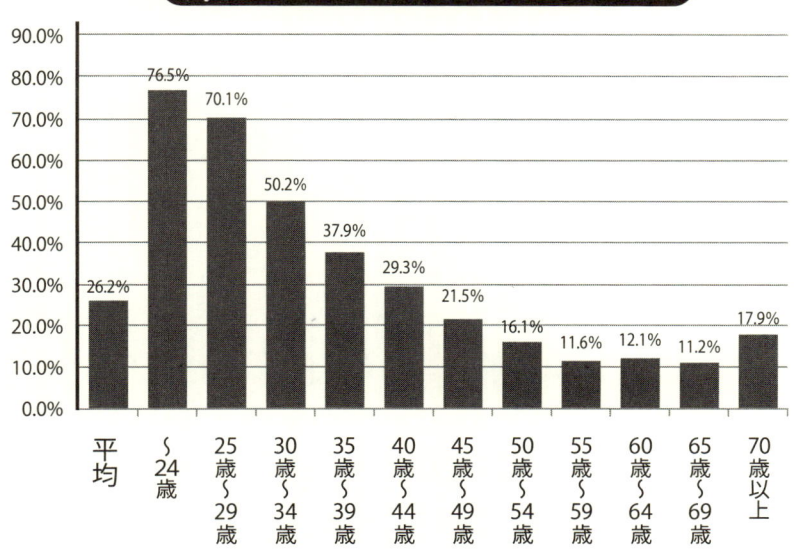

区分	割合
平均	26.2%
～24歳	76.5%
25歳～29歳	70.1%
30歳～34歳	50.2%
35歳～39歳	37.9%
40歳～44歳	29.3%
45歳～49歳	21.5%
50歳～54歳	16.1%
55歳～59歳	11.6%
60歳～64歳	12.1%
65歳～69歳	11.2%
70歳以上	17.9%

日本の公的年金は、受給年齢を遅らせるなどして支出を抑える一方、収益を確保する手段として運用資産の約2割を外国株式や外国債券で運用する方針です。さらに、プロも国内株式や債券中心から海外への投資にシフトしつつあります。野村総研が調査した資産運用会社のアンケートを見ると、運用会社の半数近くが、新興国を含め海外の株式や債券の比率を上げると回答しています。

　また、不動産についても同様に、外国不動産が国内不動産のニーズを上回り、海外へ資産を分散するニーズは、年々増加しています。これは、プロも政府も海外投資が有効であると認めている証拠といえます。日本で高利回りの投資先があったとしても、そこに集中投資してしまえば、何かが起こったときには、空室リスクや賃料下落リスクに耐えることが難しくなるでしょう。安定運用を目指すならば、基本はやはり国をまたいで資産を分散させることなのです。

2　世界で注目される不動産に投資する

1　世界の不動産マーケットの実情

　これまで説明してきたことで、「なぜ、今、海外の不動産を購入している人が増えているか」について、お分かりいただけたかと思います。

　ここで、世界の不動産投資の流れを理解するために、不動産投資信託（REIT）をご紹介しましょう。

　2012年現在、世界のリート市場で60％を占めるのはアメリカ（北米）です。最も歴史が深く、約40兆円の市場があります。ここ数年は、国内だけでなく海外投資家の資金も流入しています。実際、投資信託を通じてアメリカの不動産に投資している日本の個人投資家は日本全体の10％を占めるまでになりました。

　世界のREIT市場でアメリカの次に大きいマーケットはアジアです。ここ数年で、アジアリートの市場規模は急速に拡大してきました。

　アジアが選ばれる理由、それは、欧米に比べて相対的に高利回りで、不動産評価（バリュエーション）で見ても割安感があるからです。

　野村総研のレポートによると、新興国市場の金融商品は、世界の投資家からの運用ニーズが最も高く、特にアジアの商品を希望する投資家は約6割を占めると言われています。

　アジア太平洋地域内のマーケットでいうと、1970年からリートが始まったオーストラリアが最もシェアが大きく、日本やシンガポール、香港、マレーシアと続いています（次ページの円グラフ参照）。市場規模で言うと、日本のリート市場は2012年時点で時価総額が約3兆3000億円で、マレーシアのリート市場は、その約8分の1の約5000億円になっています（次ページの下段の表）。この数字だけを見ると、まだまだ低い印象を受けるかもしれませんが、前年比30％の成長率

で急速に拡大していることから、業界関係者は、今後、マレーシアはアジアの主要なマーケットに成長すると予想しています。

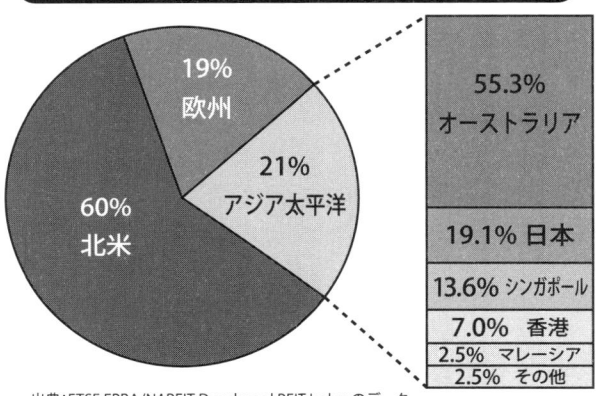

グローバルREIT市場の時価総額、2010年10月29日現在

- 北米 60%
- アジア太平洋 21%
- 欧州 19%

アジア太平洋の内訳:
- オーストラリア 55.3%
- 日本 19.1%
- シンガポール 13.6%
- 香港 7.0%
- マレーシア 2.5%
- その他 2.5%

出典：FTSE EPRA/NAREIT Developed REIT Index のデータ

リートの市場規模

市場	上場リート数	平均配当率	10年国債金利	リート時価総額 (100万米ドル)
日本	34	6.33%	0.99%	38,239
シンガポール	26	7.10%	1.62%	27,535
香港	9	5.58%	1.47%	14,923
マレーシア	15	6.45%	3.71%	5,134
タイ	35	6.71%	3.32%	3,091
台湾	8	3.06%	1.28%	2,426
韓国	7	8.79%	3.78%	195
Total	134	6.37%	N/A	91,543

2 投資家がアジアの不動産を買う理由

なぜ、世界の機関投資家や個人富裕層がアジアの不動産に注目しているか、その理由をご紹介しましょう。

①アジア不動産の資産の性質

不動産には、株式と債券の間に位置するという性質があります。

まず株式の視点から見てみましょう。株式には資産を成長させる「エンジン」としての性質があります。GDPが伸びている成長国では、長い期間でみるとGDPの伸びと株価の伸びがしっかりとリンクしていることがわかります。

それを踏まえて不動産について考えてみます。不動産にも、株式と同じような「エンジン」的な要素があります。なぜなら、株式同様、GDPが成長すると、不動産価格も上昇するからです。ということは、アジアにおいてGDPが成長している国で値上がり益を狙う資産として不動産を考えるのであれば、それは有効といえます。

次に債券の視点から見てみましょう。債券には、原則として満期があります。満期日までの利子収入が主な目的ですから、定期的な利払いによる最終利回りの高さを重視します。

不動産はどうでしょうか。結論から言うと、債券同様、不動産にも投資物件の賃料を基にした分配金収入がメインとなる側面があります。ということは、インカム(利子配当等収益)を生む投資対象としても期待できるということも同時にいえます。

アジアの成長国で値上がり益を狙う株式のうまみと、インカムを確保する債券のうまみ。その両方を享受できるのが、アジアで不動産投資をするメリットです。

②インフレに強い不動産
　アジアでは、以下のような状況が起きています。

◎経済成長によるインフレ
◎為替の減価によるインフレ
◎実物資産の需給によるインフレ

　インフレは、物価が上がり、現金の価値を減少させてしまう現象ですので、アジアに投資している投資家は、現金ではなく、不動産を保有しています。例えば、米国で最大の公的年金基金、カリフォルニア州職員退職年金基金（カルパース）は、投資資金の約20％を不動産に資産配分し、インフレのタイミングに合わせて、アジアにも投資しています。こうしたファンドや投資家は少なくありません。

③長期のローンが組める資産
　資産ポートフォリオにアジア（特にマレーシア）の不動産を組み入れる理由はほかにもあります。それは、長期でローンを組める資産だからです。
　仮に短期のローンですと、万が一、価格が暴落した場合、景気のサイクルを待つことができず、損失覚悟で強制的に売却せざるを得なくなります。その点、住宅ローンのように返済期間が長ければ、途中で景気が低迷しても回復するまで待つことができるのです。これは大きなメリットです。
　非居住者の外国人でも銀行から融資を受けられるのは不動産だけです。一般的に考えたら、外国人に融資するのは銀行にとってリスクの高い行為です。なぜなら、ローンを借りた本人が非居住者なら、損失が発生した場合、その国に戻らず逃げてしまうことも可能だからです。事実、銀行が国を超えてまで回収することは難しいです。銀行が、そ

ういったリスクも考慮して融資するということは、裏を返せば、不動産の担保に融資することに対しそれだけ価値が高いということにもなります。

 また、日本で銀行からの借入制限がある人でも、海外であれば、ゼロからのスタートで融資してもらうことが可能です。レバレッジが重要になる不動産投資家にとって、借入ができて物件が購入できる国が増えるということは、またとないチャンスでしょう。自己資金が限られている投資家にとって、長期ローンでレバレッジを利かせて投資できる不動産はほかの投資商品にはない魅力です。

3 ほかの海外金融商品のリスクについて

 金銭的な投資効率を求めるだけであれば、不動産投資に限らず、ほかにもハイリスク・ハイリターンの金融商品が山ほどあります。例えば、コモディティといわれる金やプラチナ等の貴金属、銅やニッケル等の非鉄金属、原油やガソリン、天然ガス等のエネルギー、小麦やとうもろこし、牛肉や豚肉等の畜産物や大豆やトウモロコシ等の農産物といった食料品を投資対象にした金融商品は、アジアで急速に増えています。

 日本でもこうしたコモディティ商品の購入は可能です。実際、商品指数の値動きに連動するような仕組みの投資信託は、実質的に金や原油や食料品等の代替資産に分散投資したのと同じ効果があります。

 しかし、コモディティは、ヘッジファンドによって投機の対象にされやすく、日々の価格の乱高下が激しいため、商品のマーケットの動きを注意深く監視していないと売買のタイミングを逃してしまうことも多くなります。特に下げの局面でも利益を追求するヘッジファンドは、価格が暴落していてもさらに下落させるような仕掛けをすることがあります。いったん下落が始まると底が見えない可能性もあります

から、情報格差がある個人レベルでは非常にハイリスク・ハイリターンな投資商品になりうるともいえます。

　また、為替は本来、収益を期待する資産ではありませんが、外国為替証拠金取引（FX）によって少額で簡単に始められ、レバレッジを使って大きな額を動かせることを理由に、個人でも身近に取引されるようになってきました。

　しかし、為替は、マクロ経済を熟知した専門家でも先読みが難しいといわれています。特に、最近の傾向として、成長国通貨や資源国通貨と呼ばれる為替取引が増えていますが、ヘッジファンドやディーラーが、新興国が工業化することを見通して投機しているケースが多く、利益を確保するための調整がいつ入るのか予測がつきません。以上を考えると、為替だけに依存して長期で永続的に収益を確保するのは難しいといえます。

　これらコモディティやFXなどは、簡単に投資ができて儲かりそうなイメージがありますが、実際は情報格差によって強者と弱者が決まってしまう世界です。こういった市場はひとつのパイから自分の取り分をみんなで奪い合うゼロサムゲームであり、マーケットに参加している投資家全員が平均以上の成績を収めることはできません。機関投資家などのプロを相手に勝負をしても、多くの個人の資金が犠牲になるだけです。こうした商品だけで運用するのはリスクが大きすぎます。

4　金銭的なメリット以外に海外の不動産から得られるもの

　海外の不動産を購入することによって、金銭的なメリット以外に得られることがあります。

①実用性のある現物資産

　セミナーや勉強会で講演をしていると、質疑応答のときなどに、参

加者から「ほかの皆さんは、どういった目的で海外の不動産を購入していますか」という質問が挙がることもよくあります。

マレーシアで不動産を購入する目的で一番多いのは、将来的に移住することを視野に入れて、最初の数年は不動産に投資するパターンです。いずれ移住するときに備えて、まだ価格が安いうちに不動産を購入しておこうという方が増えています。

もちろん、すぐに自分で住まなくても、移住するときまで短期もしくは長期で賃貸し、キャッシュフローを生むことは十分可能です。

そして、不動産がほかの金融商品と決定的に違うのは、実用性のある現物資産という点です。例えば、アップルの株式がどれだけ将来有望で、資産としていくら価値があるといっても、所詮は紙の資産なので実用性がありません。しかし、不動産なら金融商品としてだけでなく、いざというときに、自分でも使える資産になります。

②不動産投資で究極のキャリアアップ

若い方の中には、停滞の続く日本国内のマーケットに不安を抱いて、いつか海外で働きたいと思っている人も多いと思います。その"いつか来る時"に備えて、とりあえず海外でも通用する資格を取ろうとする人や英語を勉強する人がいますが、それはあくまで机上のものでしかありません。

国内にいながら、海外でも通用するようなビジネス経験を得ようと思っても、どうしても限界があります。かといって、今すぐ日本での仕事を辞めて、海外でビジネス経験を積もうと思っても、そう簡単に理想の仕事が見つかるものではありません。何よりも、本気で探すなら、現地に行って仕事を探すというリスクを取る必要があります。

そんなリスクを冒さずに日本での仕事を確保しながら、副業で海外のビジネス経験を積む方法として、海外の不動産投資はお勧めです。不動産投資には、小さな会社を経営するのと同じくらいのビジネス要

素が集約されています。借入を行う財務的な交渉、テナントのマーケ借入を行う財務、テナントのマーケティング、物件のマネジメント、キャッシュフローなど経営管理する経理、戦略を決める経営企画的な要素など、実践的な海外ビジネスをバランスよく経験できます。さらに海外となれば英語だけでなく、現地のネットワーク、ビジネス習慣、交渉力も身につきますから、結果的に自分のスキルを磨くことにつながります。こういった経験は「見えない財産」として残るはずです。万が一、投資に失敗したとしても、不動産投資を通じて培った経験は必ず将来役に立ちます。海外で通用する人材として対処できるでしょう。

　若いうちから海外の不動産投資を通じてこういった経験を実践で積んでおけば、それは「見えない財産」として残るはずです。海外で不動産投資をするという選択は、海外で生き抜くための最高の教育の場なのではないでしょうか。

3　海外不動産投資を始めるときに何からするべきか？

　海外不動産に投資したいけれど、何から始めればよいかよくわからず、悩んでいる方も多いと思います。場当たり的に海外への投資を始めても、目的が明確でなければ、うまくいきません。まわりのうわさに流されて何となく海外の不動産を購入した結果、利益にならないどころか、手間や時間ばかり取られてしまうケースがよくあります。海外不動産に投資するときは、順序立てて計画性を持って投資しましょう。

ステップ1：目標を設定する

　では、海外不動産投資を始めるにあたって何をするか。まずは、目的を明確にすることです。

　不動産を購入する目的は人それぞれ違います。単純に短期で転売して儲けたい、中長期で運用したい、移住するための物件を購入したい、海外で資産形成したいなど、いろいろだと思います。最初に「何のために物件を購入するのか」を明確にしましょう。

　そして、目的が決まったら、次は目標を設定します。プロの世界でも、ファンドの運用者がまず初めにすることは運用目標の設定です。

◎リターンはどのくらいを目指すか
◎どのくらいの期間で投資するか
◎どのくらいの資産を運用するか

など、目標を設定します。プロの運用成績は、投資から回収までのリ

ターンと、不動産の資産価値から借入金を差し引いた純資産額（NAV = Net Asset Value）の増減で決まります。

　個人投資家の方も同じように目標設定してみましょう。ここでは、具体的なモデルケースとして、日本で家賃収入と給与収入を確保しつつ、将来、海外移住を目指す方の目標設定例をご紹介します。いつから海外に投資するのか、いつから海外のキャッシュフローで生活できるようになるのか、どのくらいの資産が形成できるのか、日本と海外でのバランスと時間軸を考えてシミュレーションします。

現在（2013年）

- 海外で収入を得るために投資開始（※プレビルド投資を想定）
- 日本での年間収入900万円、純資産1000万円

	日 本	海 外
純資産	不動産　　3,000万円 借入金　　2,400万円 自己資本　　600万円 **純資産600万円**	不動産　　　0万円 借入金　　　0万円 自己資本　400万円 **純資産400万円**
純資産比率	60%	40%
年間収入	給与収入　　600万円 家賃収入　　300万円 **計　　900万円**	給与収入　　0万円 家賃収入　　0万円 **計　　0万円**
収入比率	100%	0%

3年後（2016年）

- 日本と海外の純資産比率を50：50、収入比率を80：20にする
- 日本と海外の収入合計を1,750万円、純資産合計を2,000万円まで増やす

	日　本	海　外
純資産	不動産　　8,000万円 借入金　　7,000万円 自己資本　1,000万円 **純資産 1,000万円**	不動産　　4,500万円 借入金　　3,500万円 自己資本　1,000万円 **純資産 1,000万円**
純資産比率	50%	50%
年間収入	給与収入　　850万円 家賃収入　　550万円 　計　　1,400万円	給与収入　　　0万円 家賃収入　　350万円 　計　　　350万円
収入比率	80%	20%

7年後（2020年）

- 日本と海外の純資産比率を40：60、収入比率を30：70にする
- 日本で家賃収入を確保しつつ、海外での就職活動を本格化し、移住を実行する
- 日本と海外の収入合計を2,600万円、純資産合計を5,000万円まで増やす

	日　本	海　外
純資産	不動産　　8,000万円 借入金　　6,000万円 自己資本　2,000万円 **純資産 2,000万円**	不動産　　12,000万円 借入金　　 9,000万円 自己資本　 3,000万円 **純資産 3,000万円**
純資産比率	40%	60%
年間収入	給与収入　　　0万円 家賃収入　　800万円 　計　　　800万円	給与収入　　800万円 家賃収入　1,000万円 　計　　1,800万円
収入比率	30%	70%

ステップ2：情報を収集する

　目標が決まったら、次にその目標を達成するための情報収集を行います。情報収集では、物件情報をひたすら集めるより、国の市場動向を知りましょう。海外経済ニュースや不動産レポート、各国政府が出している統計データを見れば、動向がわかります。戦う相手の動きに関する正確な情報の把握が一番重要です。市場動向を熟知することが、リスクを回避してチャンスをつかむことにつながります。「その物件が不動産市況全体の中でどんな位置づけになっているか」を理解できます。また、情報の収集そのものが自分にとって勉強になります。

　そして、情報集めは、偏りなく、いろいろな意見を聞くことをお勧めします。特に海外の場合、情報源が少ないと、その情報がマーケットの実情を正しく反映しているのかどうかを客観的に判断することができません。優秀な投資家は、情報に誤りがないか、第三者の意見で確認します。インターネットや書籍、公開情報やセミナー、勉強会等を通じて、先入観なしにいろいろな話に耳を傾けてみてください。

ステップ3：情報を分析する

　このステップ3では、集めた情報を分析してみましょう。不動産市況は国の現在の力と将来の可能性を反映します。国やエリアごとの経済力、人口の増減、企業の事業所・工場の増減（※企業のIRレポートやJETROなどを参考）など、人・物・金・情報の集積度によって不動産価格は変動します。集積度が高い地域が高値を維持します。上昇時には他の地域より高い上昇率、回復率を示し、下落時においては踏みとどまるエリアはどこかを分析します。人口増加が続く都市や地域は、不動産の需要が強く、価格水準も高いです。これらの分析結果をもとに投資する国とエリアを決めます。

ステップ４：戦略を決定する

　国やエリアが決まったら、次はどうやって利益を上げるのかという戦略を考えましょう。成熟したマーケットと未成熟のマーケットでは投資戦略は異なります。短期の集中投資でキャピタルゲインを狙う戦略なのか、長期で安定してインカムゲインを得る戦略なのか、エリアの特性（住民の属性や所得水準、物件の供給数など）を見極めて地域ごとに戦略を変えていかなければいけません。　戦略を決める際に参考とする基本ルールがあります。それは、「不動産価格と賃料は、需要と供給のバランスで決まる」というものです。物件が余れば賃料は下がり、物件が足りなければ賃料は上がります。土地や住宅の価格は、経済合理性の枠の中にありますから、ごく普通の経済的価値判断ができる人には難しくありません。

　基本原則を知っていれば、軸がぶれることなく、一時的なブームやトレンドに左右されて行き当たりばったりになって失敗することは少なくなるでしょう。

ステップ５： 投資対象となる物件を選別する

　戦略が決まったら、その戦略に沿った物件を選びます。物件の選定方法にはいろいろありますが、私はランキング方式をオススメします。テナント需要、デベロッパーの信用力、競合物件と比べた優位性（立地や建物のグレード）、周辺相場との比較、利便性、将来の成長性、利回りなどの指標でランク付けし、上位の物件に投資する方法です。これは、相対的な評価と物件の価格妥当性が判断できるので便利です。また、投資したい物件が２つ以上あるときで、どちらにするか迷ったときの決め手としても役に立ちます。

　最後に、物件の選定で重要なのは「タイミング」「立地」「価格」で

す。この３つすべてが揃えばベストですが、このうちの２つでも納得できれば物件を購入するべきでしょう。

ステップ６：投資を実行する

物件が選定できたら、いよいよ実行に移します。購入のプロセス、銀行ローンの仕組み、賃貸管理、出口戦略などは後の章でご紹介します。

ステップ７：見直しと投資評価

不動産においては、量より質が重要です。所有不動産を見直し、投資評価をし、利用価値が高くて収益を生む不動産だけを厳選して保有する努力を心がけてください。というのも、質の高いだけ物件を数少なく保有するほうが効率的と言えるからです。

評価をする理由は、自分自身の成功事例を作るためです。たまたま波に乗った、運が良かったと片付けてしまうことは、投資ではなく、ギャンブルです。１回うまくいったらからといって調子に乗ると失敗します。成功要因がわからなければ、再び大きな投資チャンスがあったときに見逃してしまいます。世界最大のヘッジファンド、ブリッジ・ウォーター・アソシエイツのレイ・ダリオ氏も投資判断の根拠をすべてノートに残し、結果と照らし合わせているそうです。こうした努力が投資で成功するための鍵となります。

第2章

アジアの中で、なぜマレーシアなのか
〜マレーシアの魅力について〜

1　マレーシア不動産投資の魅力とは

　ここまで、世界の中でもアジア諸国への不動産投資が注目されていること、不動産を購入している人が増えていることをご紹介してきました。
　そんなアジアのなかでも、特に注目されている国がマレーシアです。マレーシアがこれだけ注目されていて、人気なのはなぜなのか。不思議に思っている方も多いと思います。本書のタイトルでもある「マレーシア不動産投資のススメ」の理由を、順を追ってご説明しましょう。

1　外国人でも土地を含め所有権を取得できる限られた国

　マレーシアは、アジア諸国の中でも海外投資初心者に向いているといわれています。その理由のひとつは法制度です。
　アジア諸国で、外国人非居住者が所有権を登記できる国は限られています。その希少な国のひとつマレーシアでは、外国人が土地も含めて所有権を取得できます。
　一方、中国、インドネシア、フィリピンなどに代表されるアジア諸国のほとんどの国では、外国人が取得できる権利は定期借地権のような期限付利用権だけです。
　日本の所有権のように、永久に自分の資産にはなりません。中国に限っていえば国民ですら所有権を取得することは不可能です。
　こうした国では、一時的なキャピタルゲインは得られても、外国人が不動産で資産形成することは難しいのが実情です。そのような事情から、中長期で資産形成をしたい外国人がマレーシアに資産を移しはじめているのです。

2 相続税がかからない

日本では、資産を築いても「三代の相続で財産はなくなる」と言われるほどの高い相続税が当たり前になっていますが、マレーシアでは相続税がありません。無駄な税負担はありませんから、不動産を家族や子孫に残すこともできます。マレーシア政府は、大事に築き上げた資産の一部を相続税で横取りするようなことはしません。

このように税制・法制度の点で、アジア地域の人気市場に比べても資産価値が高い国なのです。

3 日本人が住みたい国「世界 No.1」

財団法人ロングステイ財団の調査によると、マレーシアは、オーストラリアやハワイといった人気地域を抑え、7年連続（2006～2012年）で**日本人が住みたい国「世界 No.1」**に選ばれています。2011年の調査では2位のタイに倍近くの差をつける人気を誇っています。

マレーシアには、MM2H（Malaysia My 2nd Home）と呼ばれる最長10年間有効（更新可）の長期滞在ビザがあります。以前から日本人に長期移住先として人気でしたが、2011年に起きた東日本大震災や原発事故の影響等によって、日本人の取得件数はますます増加しています。統計によると、2011年は前年の倍以上となり、国別ランキングで首位に躍り出ています。

今までは、老後をのんびりと暮らすロングステイのイメージが強かったマレーシアですが、今は若い世代のビザ申請が増えているなど、その目的や印象は変わりつつあります。事実、マレーシアの高校や大学に通う日本人留学生や、現地で就職を考える日本人が多くなってきています。

4　安い物価と安心して暮らせる住環境

　日本よりも安い物価で生活できる。これもマレーシアが選ばれる理由のひとつです。生活費は日本の約3分の1で済むのに、日本より高い生活水準を享受できます。例えば、一般的なマレーシア人が食べる朝食ひとつにしても、5RM（※ RM＝リンギット、5RM＝約125円）もあればドリンク付きのセットを食べられます。

　さらに、以下のように、安心して暮らせる住環境もマレーシアの人気を後押ししています。

- 多民族国家で外国人を受け入れやすい土壌
- 世界有数の親日国家で国民もフレンドリーである
- 一年中常夏で過ごしやすい
- 衛生的で治安が良い
- 英語が通じる
- 医療水準が高く、日本語対応可能な病院が多い
- 地震・台風・火山といった天災が極めて少ない

5　洪水対策の強化

　タイの洪水発生以降、「マレーシアで洪水は大丈夫ですか？」とよく質問されます。結論からいうと、政府は大規模な洪水対策を行っていて今はほとんど被害がありません。昔は、熱帯雨林地域のマレーシアでは雨が多く、ゴンバック川とクラン川が合流している場所から発展したクアラルンプール（マレー語で「泥が合流する場所」の意）市内は洪水が絶えませんでした。

　道路が冠水するたびに首都機能が停止したり、ひどい交通渋滞

に悩まされたりしたため、マレーシア政府、クアラルンプール市、SMART 社（SMART：Stormwater Management And Road Tunnel）が共同で、総工費約20億RM（当時約570億円）をかけて世界初の洪水防止用自動車トンネル「SMART トンネル」を2007年に完成させました。全長9.7ｋｍ（アジアでは２番目に長い洪水防止用トンネル）のこのトンネルは降水時のクアラルンプール市街地に溜まった冠水を郊外の貯水池に送る役目を果たします。またこのトンネルは３層構造になっていて、上の２層は渋滞解消のための約４ｋｍの自動車道路となっています。

　市街地から郊外方面への道路が１層目、郊外から市街地に向かう道路が２層目、そして一番下が水路です。大雨時には道路部分を閉鎖して、上流のクラン川から許容量を超えた水を取り込み、３層全体で排水を行います。その貯水量は300万立方メートル。これは、クアラルンプール市の計画洪水防止能力の約45％を賄います。その効果もあり、今では大雨でも洪水はほとんど起きていません。

6　有数の資源産出国

　イギリスの植民地時代から、ゴムの栽培やスズ、天然ガスの掘削などが盛んです。特にスズ鉱の採掘が中核となっていて、世界シェア８位（1.7%）を占めています。主な鉱山は、クダ州、ヌグリ・スンビラン州に点在しています。スズ以外の主な鉱物資源としては、金鉱（サラワク州、パハン州）、鉄鉱、ボーキサイト鉱（ジョホール州）などが挙げられます。

　さらに、有機鉱物資源である石炭や原油、天然ガス（石炭以外）は、世界シェアの１％を超えています（日本が輸入する天然ガスの約20％はマレーシア産です）。いずれもブルネイ・ダルサラーム国に

近いサラワク州北部の浅海から産出されています。

ほかには、バイオ燃料の原料として注目を集めているパーム油も生産しています。2012年6月にマレーシア国内最大のパームオイル企業「フェルダ」が上場したことは大きな話題になりました。新興国の工業化で天然資源の市場価格が右肩上がりで高騰している今、天然資源を持っているというバックボーンは国の経済力を支える大きな一因となっています。

いずれにせよ、今後、マレーシアがアジア経済の中で大きな存在感を示すことは間違いありません。

7 2020年までに先進国を目指す経済政策

マレーシア政府は、農作物や鉱産物の輸出、観光業に依存した体質から脱却し、2020年までに先進国入りする目標を立てました。それは、「ワサワン（マレー語でvisionの意）2020」と呼ばれ、「高所得国家」へ仲間入りをするための道筋が立てられています。その「ワサワン2020」で掲げられている政策のうち、不動産価格に影響する計画を2つ、ご紹介しましょう。

◆大クアラルンプール首都圏開発計画

クアラルンプールおよび周辺市合わせて10都市を開発する計画です。交通やビジネス環境、観光上の魅力において最も住みやすい都市として世界20位以内を目指しています。具体例としては、「都市部の鉄道の既存ラインを郊外まで拡張し、2017年までに運行開始する計画」などがあります。

国際競争力ランキング　The Global Competitiveness Index 2011-2012

国/地域	GCI2011-2012ランク	GCI2010-2011ランク	変動幅
スイス	1	1	0
シンガポール	2	3	1
スウェーデン	3	2	-1
フィンランド	4	7	3
アメリカ	5	4	-1
ドイツ	6	5	-1
オーストラリア	7	8	1
デンマーク	8	9	1
日本	9	6	-3
イギリス	10	12	2
香港	11	11	0
カナダ	12	10	-2
台湾、中国	13	13	0
クウェート	14	17	3
ベルギー	15	19	4
ノルウェー	16	14	-2
サウジアラビア	17	21	4
フランス	18	15	-3
オーストリア	19	18	-1
オーストラリア	20	16	-4
マレーシア	21	26	5
イスラエル	22	24	2
ルクセンブルク	23	20	-3
韓国	24	22	-2
ニュージーランド	25	23	-2

(出所) 2011年 World Economic Forum WWW.weforum.org/gcr

◆5つの長期大型開発計画

　地域格差を是正するために、政府は第9次5カ年計画で、国内5カ所に長期の大型開発計画を進めています。

　具体的には　イスカンダル開発（ジョーホール州）、北部開発地域（ペナン州他4州）、東部開発地域（クランタン州他）、サバ開発地帯　（サバ州）、サラワク再生エネルギー地帯（サラワク州）です。各地域の開発監督官庁では、それぞれインセンティブを用意し、外資を歓迎しています。

　こうした政策が評価され、国の総合的な競争力を表すランキングでは、マレーシアは2010年度の26位から2011年度には21位までランキングを上げています（前ページの表参照）。

8　先進国に比べて割安かつ伸びしろのあるマーケット

　1960年代、70年代まで、東南アジア諸国の多くでは植民地支配の影響や社会主義の失敗を受け、なかなか経済が発展しにくい状況にありました。マレーシアも例外ではなく、経済的に立ち遅れているのは否めませんでした。

　しかし、その後は違います。日本や韓国を手本に工業化を進め、シンガポールとともに『東南アジアの優等生』と呼ばれるほど、経済的に成長しています。今では、マレーシアマーケットは中国、インド、ベトナムに次いで、アジアで高い経済成長率が見込まれる国として世界の投資家からも注目を集めています。

　資産運用会社　フランクリン・テンプルトン・インベストメンツ社のマーク・モビアス博士は、「マレーシアは今まで世界のマーケットで見過ごされがちだったがマレーシアの2大IPO（パーム油大手「フェ

ルダ」とアジア最大の病院「IHH」）によって世界の投資家の関心を集めた。若い人口と豊富な天然資源を抱えるマレーシアの市場は、割安性・資産価値・成長期待・投資リターンのどの面でも先進国市場を上回っている。外国機関投資家が注目しないはずがない」と、マレーシアの今後の成長性に注目しています。

シンガポールや香港の例を見てもお分かりのように、魅力的な国には世界から投資が集中します。例えば2012年、香港のとある高層マンションの一室が、アジア史上最高額である6100万ドル（約47億9000万円）で取引されました。世界的に見てもロンドンに続き第2位の高額マンション取引です。 このようにアジアにおいても、マンション一室で数億円、数十億円は当たり前になってきています。今後、マレーシアも同じようになる可能性は十分あります。今なら、一般の人でもマレーシアの不動産価格は割安で手が出せる範囲ですが、十数年後は分かりません。不動産価格が高騰してしまった後ではもう手遅れです。「あのとき、マレーシアで不動産を買っておけばよかった」と後悔しないためにも注目しておくべきマーケットなのです。

9 強いマレーシアリンギット（為替）

海外で投資する以上、為替の変動リスクはつきものです。マレーシアの通貨「リンギット（RM）」は、もともとドルペッグ制でしたが、2005年から変動レートに変更されました。変動レートに変わった後、リンギット（RM）は特徴的な動きをしています。

ここでは、そのリンギットの特徴についてご説明しましょう。

①高い経常収支

為替の安定性を測る尺度のひとつは、経常収支です。経常収支が為

替に与える影響は、資金の流入量です。経常収支が赤字の国は、他国からの資金流入に頼らざるを得ません。そのため、一旦、市場が混乱すると赤字国の通貨は特に売られやすくなります。例えば、慢性的に経常赤字のインドの通貨は、2011年のユーロ危機の際、ドルに対し、16％も下落しました。

一方、マレーシアはどうでしょうか。マレーシアの2011年度経常収支は黒字で、GDP比で＋11.3％です。マレーシアは、中国5.2％、タイ4.8％、インド－2.2％に比べて、アジア圏の中で経済収支が特に良く、為替が安定する要因になっています。

> ※経常収支は一定期間における国のあらゆる対外経済取引（貿易収支・サービス収支・所得収支・経常移転収支）を体系的に記録した指標。「経常黒字」は輸入額よりも輸出額が多いことを表し、「経常赤字」は輸出額よりも輸入額が多いことを表します。

②豊富な外貨準備高

為替介入の「原資」となる、国が保有する外貨準備高も重要な指標です。マレーシアの外貨準備高は、116億ドルで世界13位（日本は1,042億ドル、中国は2,447億ドル）。世界でも有数の外貨準備高を有する国といえます。2011年に一時、欧州危機の余波でブラジルやインドなど新興国の通貨とともに軒並み売り込まれそうになりましたが、政府が介入して（保有していたドルを売って）、為替を安定させました。

③人民元と相関性が高いマレーシアリンギット

変動レートになって以降、リンギットは人民元の動きに追随する傾向を見せています。ということは、世界の基軸通貨を目指すといわれ

る強い人民元と同じように強いリンギットが期待できるという話にもなります。円高・リンギット安のうちに投資しておいたものが、人民元の切り上げ実施と同時に、リンギット高・円安になれば、為替差益も狙えます。

④資源国通貨の魅力

　為替市場で資源国通貨という言葉がよく使われます。資源国通貨とは、天然資源や穀物などが多く産出される国の通貨を総称したものです。別名、コモディティー（商品）通貨、あるいはコモディティーカレンシーとも呼ばれます。代表的な資源国通貨には、オーストラリアドル、ニュージーランドドル、カナダドル、南アフリカランドがあります。

　マレーシアも天然ガス・原油などの資源産出国ですから、当然、リンギットも資源国通貨として注目されています。資源国通貨は2005年以降、中国など新興国のエネルギー資源の需要が拡大したのがきっかけで為替市場で注目され始めました。もともと、資源国通貨は一部の例外を除いて世界的にメジャーではなく、取引量も少ない状況にありました。しかし、短期間でエネルギー資源の需要が拡大し、大量の買いが入ったため、上昇傾向が一段と鮮明になった結果、注目されるようになったのです。こうした動きに、一般の投資家も追随する動きを示しており、資源国通貨を買い上げる様相になっています。今後も、人口が多い中国やインド、ブラジルなどの新興国の工業化の動きが続く間は、リンギット通貨を含め、資源国通貨の上昇が続くことが予想されます。

10　若い世代が支える人口ピラミッド

　不動産価格上昇の土台となるのが人口増加です。　マレーシアの人口は現在の2800万人から2020年までに3500万人まで増加し、さらに、

2045年まで増加しつづけると予測されています。そして、特筆すべきは、マレーシアの平均年齢が27歳という点です。下の図表の人口ピラミッドの通り、マレーシアの経済力は若い世代に支えられています。賃貸需要、新規住宅購入需要、消費需要が旺盛な若い世代が多いマーケットは、不動産投資をするうえで理想的です。若い世代の収入が増えるにつれて、生活水準が向上すれば、大きなプラスをもたらします。人口が減少し始め、平均年齢44歳の日本とマレーシア、将来的にどちらの国のほうが期待できるかは明らかです。

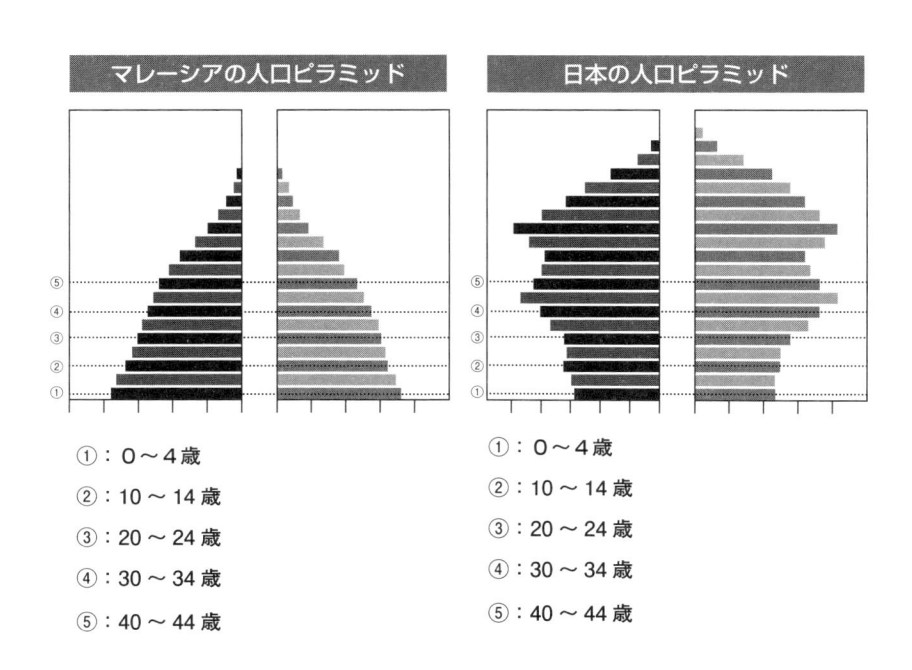

マレーシアの人口ピラミッド

①：0～4歳
②：10～14歳
③：20～24歳
④：30～34歳
⑤：40～44歳

日本の人口ピラミッド

①：0～4歳
②：10～14歳
③：20～24歳
④：30～34歳
⑤：40～44歳

11　世界最大のイスラム金融マーケット

　イスラム教徒が多いマレーシアは、2001年以降、イスラム法に則って発行されてきたイスラム債（スクーク債）において世界シェアの半分を占め、イスラム金融の先進国・中心国の地位を築いています。特に9・11の同時多発テロ以降は米国に流れていた潤沢な中東のオイルマネーが流入する拠点となっています。世界のイスラム債発行額は、520億ドルだった2010年に比べて、2011年は62%増え、過去最高の844億ドルを記録しました。なかでも、マレーシアのスクーク発行額は約580億ドルで全体の69%を占め、世界のイスラム金融のハブとして存在感を示しています。特に中東の資金はアジアへの入り口として、中国やシンガポールではなく、イスラム金融市場のあるマレーシアに向かっています。

外貨建てのイスラム債について

　マレーシアの政府系ファンド、カザナ・ナショナルは、2011年10月、マルチカレンシーイスラム証券プログラムに基づき、世界初の外貨建て（人民元）スクークを発行しました。3年満期、2.90%の条件で募集したところ、当初の募集に対してマレーシア、シンガポール、香港、中東、ヨーロッパの投資家から3.6倍もの申し込みがあったため、発行予定額を3億元（約37億円）から5億元（約62億円）に変更したほどの人気になっています。昨年、資産流動化法の改正で日本版スクークが発行できるようになったため、今後、日本でもファンド向けに円建てスクークを発行する動きが出てくると思われます。

2　マレーシアの不動産投資に関する政策や制度

　マレーシア政府は外国人の不動産投資に寛大です。2006年ごろから国内不動産市場を活性化させるために規制を緩和し、東南アジア諸国では唯一、外国人でも農地以外の土地も含めて不動産を制限なく購入できるようにしました。さらに、外国人に対して自分の名義で登記することも許可しています。居住用不動産だけでなく、商業用不動産についても取得することができます（ただし、特定の物件を除く）。

1　政府系ファンドがスポンサーになり、国家戦略として進めている不動産開発

　マレーシアには、5大ソブリンファンドといわれる政府系ファンドがあります。これらの政府系ファンドがマレーシア企業のスポンサーとなり、マレーシアの不動産開発の大きな資金源となっています。

EPF（Employee Provident Fund）

　EPFは、1991年の従業員積立基本法によって制定された年金基金です。定年および退職後の安定した生活を保証するために設立されました。メンバーから拠出される基金は、国債からローン、社債、不動産まで幅広く投資されています。EPFは不動産にも大きく関わっており、オフィスビルなど多くの現物不動産を所有しています。

　また、マレーシアの大手デベロッパーであるIOI Corporation Bhd、Sime Darby Bhd、SP Setia Bhdの大株主でもあり、間接的に開発を進めています。ファンド規模は4,022億RM（10兆550億円）です。

PNB（Permodalna Nasional Berhad）

1978年に発足した政府の新経済政策（NEP：New Economic Policy）の一環で設立されたマレーシア最大の運用会社です。

NEPの目標は貧困を根絶し、人種間の経済的な格差を是正すること、そしてマレーシア人（ブミプトラ）の資産保有率向上と企業経営参画機会を与えることです。上場株式、非上場株、政策的株式を保有しているだけでなく、不動産投資も積極的に行っています。ファンド規模は1,500億RM（3兆7500億円）です。

カザナ・ナショナル

カザナ・ナショナルは、マレーシア財務省管轄の戦略的投資ファンドです。

農業、自動車、金融、ヘルスケア、インフラ、建築、メディア、通信、不動産、バイオテクノロジー、ユーティリティ、交通、ロジスティック、小売業など、さまざまな分野に投資しています。不動産開発にも大きく関わり、国家戦略の重要拠点となるエリアのインフラ整備や、民間企業と共同で都市開発を行っています。例えば、マレーシアのIT都市サイバージャヤやイスカンダル計画の開発は、カザナが参画し、開発を進める「戦略的投資」の事例です。ファンド規模は922億RM（2兆3050億円）です。

ワン・マレーシア開発公社（通称1MDB）

ワン・マレーシア開発公社（以降、1MDB）は、政府が100%所有する不動産開発会社です。国家競争力の強化に向けて、エネルギー、不動産、観光、農業関連産業に集中投資しています。

もともと1MDBはテレンガル投資庁（TIA）として発足しましたが、2009年に1MDBに改名されました。

　1MDBは、国家戦略となる2大開発予定地に関わっています。ひとつは、カタールの政府系ファンドであるカタール投資庁をパートナーに迎え、空軍基地跡地にイスラム金融のハブとなる金融センターを開発する計画です。もうひとつは、KL（クアラルンプール、以下KL）南部で大手民間企業と共同投資をする大型プロジェクトです。ファンド規模は110億RM（2,750億円）です。

タブン・ハジ（Lembaga Tabung HAJI）

　タブン・ハジ（LTH）は、イスラム金融（シャリア）に従って巡礼志望者の預金を投資する金融会社です。農業、サービス業、ハラール製品（イスラム法で許された製品）製造業者を対象とし、イスラム債、社債、引受手形などの金融商品を扱っています。また、不動産や建設にも投資しています。KLでオフィスビル等を所有するなど、不動産に携わる大手金融機関として存在感を表しています。ファンド規模は230億RM（5,750億円）です。

2　中国をはじめとした海外企業と共同事業を推進

　マレーシア経済の成長率が年5～6％と好調な理由のひとつとして、チャイナマネーの流入で銀行や開発会社に潤沢な資金が集まっていることが挙げられます。中国では不動産価格の高騰を受け、政府が本格的な抑制政策を打ち出しました。このことを受け、国内不動産市場に滞留していたチャイナマネーの矛先はマレーシアに向かっています。

　シンガポール同様、総人口のうち中国系が占める割合がほかの東南

アジア諸国に比べて高いマレーシアは、世界を席巻するチャイナマネーの受け皿のひとつとなっています。ナジブ・マレーシア首相も最大の貿易相手国となる中国との関係強化に積極的な姿勢を取り、民間企業、政府系問わず、大型開発の合弁事業を推進しています。

3 外国人でも簡単に借りられるローン

　外国人でもマレーシアの銀行から、現地通貨で購入する物件を担保に融資を受けることができます。ローンは、日本と同様でリコースローン（担保価値が融資額に足りない場合、貸し手がほかの資産の処分による返済を求められるローン）が主流です。

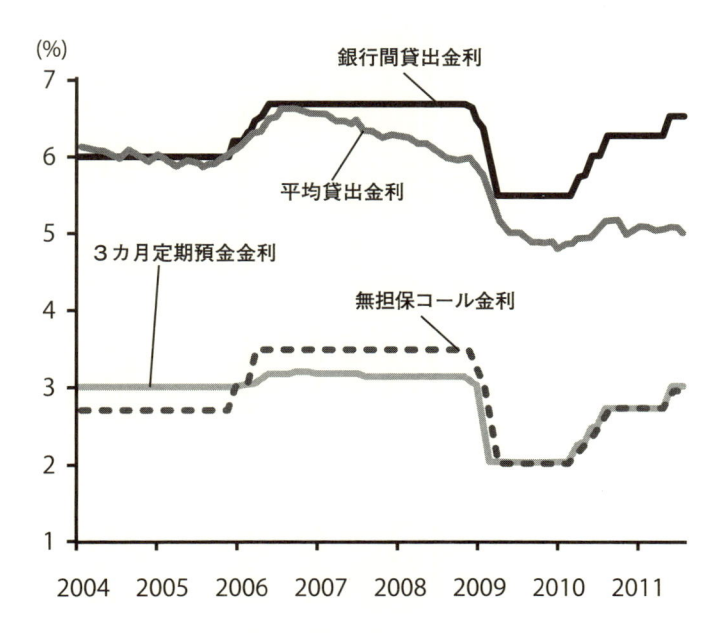

出典：中央銀行、マレーシア・プロパティ・インク

物件や買主の与信にもよりますが、融資の期間は最長30年で、65歳から自分の年齢を引いた年数のどちらか低いほうです。Bank Lending Rateといわれる中央銀行が設定した銀行貸出設定金利からディスカウントした金利が実際の銀行貸出金利となります。2009年に一時的に下がった時期もありましたが、直近は銀行調達金利は2～3％、平均貸出金利は4％台後半となっています。

　MM2H取得の場合、購入価格の最大85％までは住宅ローン取得可能（MM2H非取得者でも最大70％）です。主な融資元は、HSBC、United Overseas Bank（UOB）、CIMB Bank、Maybank、Hong Leong Bankなどです。資金調達に関する詳細情報は、後半でご紹介いたします。

4　日本人に有利なマレーシアの税制

　マレーシアには住民税や相続税・贈与税などがないため、税制面において日本より有利です。また、日本とマレーシアは租税条約を締結していることから、マレーシアに"税法上の居住者"としてお住まいの方に支払われる年金は日本で課税されません。マレーシアの税法でも年金は原則非課税であるため、双方の国から課税されないという、大きなメリットを享受できます。年金の受取指定口座を海外（マレーシア）の銀行に設定することも可能です。

5 物件の権利登記

　各州政府からの承認を得たうえで、物件の権利を登記することができます。下記の特定の物件を除けば、制限なく取得することができます。

【外国人による取得が許可されていない物件（2012年12月現在）】
① 50万リンギット（約1250万円）未満の物件
②低所得者層向け居住物件
③マレーリザーブの物件
④ブミプトラ物件（マレー人優遇政策のために割り当てられた物件）

6 経済企画庁（EPF）の承認が必要な場合

　以下の物件については、経済企画庁の承認が必要になります。

①居住用物件以外の購入
② 2000万RM（約5億円）以上の物件
③ 2000万RM（約5億円）以上の物件を所有する法人の持分取得により、ブミプトラもしくは政府が保有する持分比率が希薄化する場合
④ブミプトラもしくは政府が過半数の株式を持つ法人の株式取得で経営権の変更が伴う場合
⑤マスタープラン（完成プラン）を直接取得する場合。土地を購入するには、開発計画を提出する必要あり

7 制度におけるマレーシア不動産投資のデメリット

マレーシア不動産投資のデメリットは大きく3つです。

①50万リンギット以上の物件しか買えない

外国人が購入できる物件価格の下限があることです。2012年時点で、特定のエリアを除いて50万リンギット（日本円で約1250万円）以上の物件しか購入できません。

マレーシア政府は、国家レベルで不動産開発を推進し、外国人による不動産購入を推進する一方、投機的な投資によるバブル化を防ぐ動きに出ています。例えば、ペナン島の一部地域では、外国人の最低購入額が現在の50万RMから100万RMへ引き上げられると発表されました。ほかの州も同じような政策が発表されるのではないかとうわさされています。

②時間がかかる

マレーシアの不動産取引では、購入から登記まで時間がかかります。およそ6ヵ月と言われています。登記するには政府の承認が必要です。

購入後、数カ月で転売する投資手法もありますが、基本的に、短期転売型の投資家にはあまり向いていません。マレーシア不動産は、じっくり中長期保有で将来の資産形成を考えている方に向いています。

③競合が多い

マレーシアの不動産には、現地マレーシア人だけでなく、シンガポール人含め、日本人以外の外国人投資家も殺到しています。売り手市場で、良い物件はすぐに売れてしまうため、購入すると決めたならば、すかさず予約金を入れる決断の早さやが要求されます。

3　アジア周辺国との比較

　ここまで、マレーシアの魅力についてご紹介してきました。では他のアジア諸国と比較して、不動産投資をするうえで、マレーシアの何が有利なのでしょうか。具体的に経済力、利回り、外国人に対する購入規制や制限などを国ごとにご紹介していきましょう。

〜マレーシア〜

　まずはマレーシアの特長について、以下の3つの面から説明します。

①東南アジアで2番目に高い一人当たりGDP

　IMFによると、マレーシアの2011年のGDPは2786億ドルであり、神奈川県よりやや小さい経済規模です。一人当たりのGDPは2009年には6700ドル、2011年には9699ドルと順調に上昇しています。これは、シンガポールに続き東南アジアでは2番目に高く、タイの2倍近くの水準になっています。政府は、今後10年間のGDP成長率年6％の維持と、先進国入りの水準である1万5000ドル（2020年）を目指しています。

②安定したインカムゲインとキャピタルゲインが狙える国

　アジアの中でも比較的高く、安定したインカムゲインを誇っています。例えば、クアラルンプールでコンドミニアムを賃貸に出す場合の平均グロス利回りは7％弱（2010年）です。
　また、キャピタルゲインは、急激な価格上昇はないものの、年間平均、約8〜10％上昇しています。

アジア諸国の利回りと比較してみると、マレーシアは香港、インドネシアの次に高い数字になっています。インカムゲイン、キャピタルゲインともに期待できるミドルリスク・ミドルリターンのマーケットと言えます。

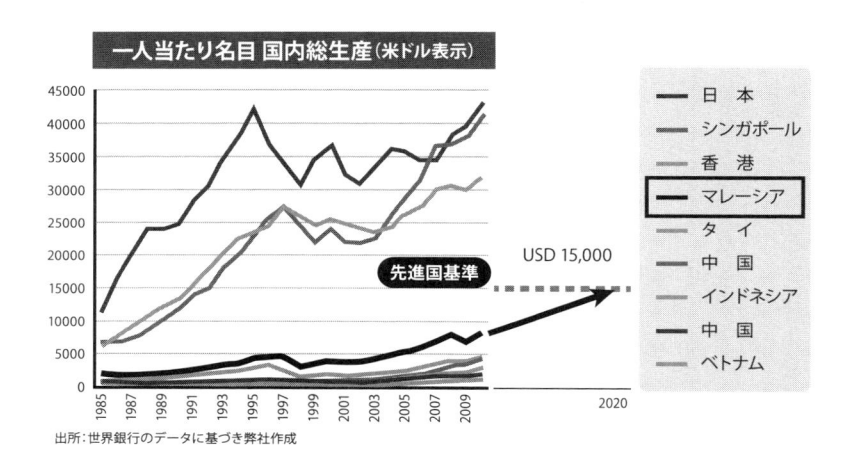

一人当たり名目 国内総生産（米ドル表示）

凡例：日本／シンガポール／香港／マレーシア／タイ／中国／インドネシア／中国／ベトナム

先進国基準 USD 15,000

出所：世界銀行のデータに基づき弊社作成

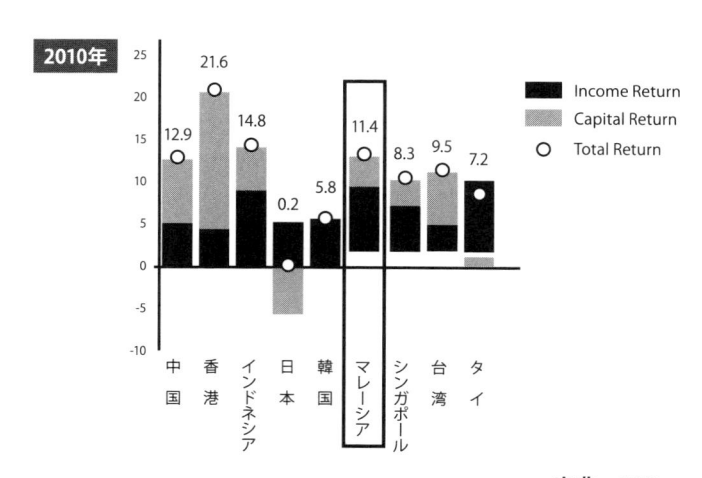

2010年

国	数値
中国	12.9
香港	21.6
インドネシア	14.8
日本	0.2
韓国	5.8
マレーシア	11.4
シンガポール	8.3
台湾	9.5
タイ	7.2

Income Return／Capital Return／Total Return

出典：IPD

58

③ **安心できる法整備と世界でも高い水準の不動産透明度**

ジョーンズラングラサールが提供している世界の「不動産透明度インデックス」によると、マレーシアは日本を抜いて 23 位にランキングされています。このことからも、情報の公開や取引の安全性という点で、ほかのアジア諸国より透明性が高い国として信頼がおける国であることがわかります。

2012 総合不動産透明度インデックス

透明度	総合ランク	市　場	総合スコア
高	1	米国	1.26
	2	英国	1.33
	3	オーストラリア	1.36
	4	オランダ	1.38
	5	ニュージーランド	1.48
	6	カナダ	1.56
	7	フランス	1.57
	8	フィンランド	1.57
	9	スウェーデン	1.66
	10	スイス	1.67
中高	11	香港	1.76
	12	ドイツ	1.80
	13	シンガポール	1.85
	14	デンマーク	1.86
	15	アイルランド	1.96
	16	スペイン	2.06
	17	ベルギー	2.07
	18	ノルウェー	2.08
	19	ポーランド	2.11
	20	イタリア	2.16
	21	南アフリカ	2.18
	22	オーストリア	2.22
	23	マレーシア	2.32
	24	チェコ共和国	2.34
	25	日本	2.39
	26	ハンガリー	2.53
	27	ブラジル Tier 1 都市	2.54
	28	ポルトガル	2.54

マレーシアの不動産に関するマーケットの比較をまとめてみました。下記の図表のとおり、アジアの他の国に比べて有利なことがわかると思います。

	マレーシア	ベトナム	インドネシア	タ イ	日 本
不動産透明度 ※参考資料参照	23位	76位	57位	39位	26位
経済成長率	5.14%	5.89%	6.46%	0.07%	-0.75%
インフレ率	3.20%	18.68%	5.36%	3.81%	-0.28%
外国人が 取得できる 権利形態	自由保有権 定期借地権 (更新無制限)	定期借地権	25年定期借地権 (更新1回)	30年定期借地権 (更新2回)	所有権 借地権
REIT市場規模	5.134億ドル (4,107億円)	NA	NA	3.091億ドル (2,473億円)	3兆3000億円
人口(年間増加率) 2020年予想	2,800万人 (+1.17%) 3,500万人	8,700万人 (+1.15%) 9,700万人	2億3000万人 (+1.18%) 2億6500万人	6,100万人 (+0.65%) 7,400万人	1億2000万人 (-0.07%) 1億500万人

出所：UN,外務省・IMF・経済協力開発機構(OECD),エイジング総合研究センター「日本人人口の将来推計」
※1ドル＝80円計算

～シンガポール（物件タイプおよび取得性の規制がある）～

　シンガポールでは外国人の不動産購入に厳しい規制があります。まず、制限付物件に分類される土地、バンガロー、テラスハウス、セミデタッチハウス、6階建て以下の建物内居住用物件、シンガポール人用公営住宅（HDB）、ショップハウス、1996年住宅制度法下で購入された高級マンションなどの物件は、原則、外国人は購入できません。唯一、購入できるのはコンドミニアムやアパートメントなど住居用建物の1ユニットです。その他の物件は、特別に取得を許可されるケースもありますが、ハードルは高いといえます。

　また、シンガポール政府は外国人に追加の取得税を課し、外国人規制は厳しくなっています。

～インド（非居住者には直接投資の規制がある）～

　インドでは、居住者および外国企業のインド法人および支店による不動産の購入は可能（駐在員事務所については不可）ですが、外国人非居住者の個人が不動産を購入することはできません。

　また、未開発の土地の販売、建物の転売などについても認められていません。

　ただし、プロジェクトへの投資なら可能です。一定規模以上のタウンシップ、住居、商業施設、リゾート、娯楽施設に関する土地開発・建物建設を伴うプロジェクトに参画するのであれば、政府ガイドラインに従うことを条件に100％まで出資が認められています。

～インドネシア（権利の規制がある）～

　インドネシアの土地法制では、土地の使用を認める11種類の権利形態があり、土地所有権はインドネシア国民のみに認められます。

　一方、外国人が不動産所有できるのは利用権が付された土地に建つ居住用物件に限られ、外国人名義でインドネシアの土地を所有することはできません。所有期間はインドネシアに居住することを条件に最長25年です。さらに25年の延長ができますが、借地権の期限が満了するときやインドネシアで居住できなくなった場合、1年以内に権利を譲渡・売却しないと権利が消失し、国家へ帰属することになります。

　2012年6月から政府は、住宅のローンの頭金規制で下限を20～30％に設定し、投機目的の不動産購入を抑制する動きが出ています。

～タイ（権利の規制がある）～

　タイでは特例措置を除いて、外国人による個人名義での土地所有権の登記を認めていません。外国人が登記できるのは、定期借地権付き建物のユニットだけです。定期借地権は最長90年（30年の長期賃貸借契約と2回の更新）となります。

　また、分譲する建物には外国人所有比率（総面積の49％以下に制限）を設けています。外資を呼び込むため、2015年までに外国人の所有比率を70％まで引き上げ、さらに2020年に完全撤廃される方向で動いているものの、現状はまだ、外国人の購入に対しては厳しい規制が設けられています。

〜オーストラリア（物件タイプおよび転売の規制がある）〜

　オーストラリアでは、外国人（非居住者）の不動産購入への制限は厳しく、ごく一部のリゾート地の特例を除いて中古物件は購入できません。コンドミニアムや新築住宅は購入できますが、売却するときにはオーストラリア国民と永住者だけが販売対象となります。

〜ベトナム（権利の規制がある）〜

　社会主義国であるベトナムでは、憲法上、すべての土地は全国民のものであると規定され、土地および土地上の構造物の所有等については厳しい外資規制があります。

　ベトナムにおいては私人による土地の所有は認められておらず、国から割り当てられる土地使用権のみです。

　土地使用権の所有者は、実質的に所有権に似た権利で、権利を譲渡、リース、寄付、担保提供、現物出資の対象とすることができます。ただし、外資系企業および外国人は、この方法によって土地使用権を取得することはできません。

　居住用建物については、外国人および外資系企業の取得は制限されていましたが、一定の外国人および外資系企業に対して、「分譲用アパートを50年間に限り所有することを認める」という試験的な取り組みが2008年から導入されています。

　なお、オフィスビルや工場等、居住用以外の建物については、自己使用の目的があり、投機目的でない場合にのみ取得が可能です。転売または賃貸用に建物を購入することはできません。

（出典：ARES不動産証券化ジャーナル Vol.08）

ここまでご説明してきたように、アジア各国の外国人購入規制は厳しいものがあります。

　外国人が登記できる権利（定期借地権）、取得できる物件タイプや数の制限、不動産の転売規制などを考慮しても、マレーシアの不動産は大変魅力的といえます。

　また、第3節の冒頭で説明した国民一人当たりのGDP力の高さや安定したリターン、不動産取引の透明性などを総合的に判断しても、マレーシアは今後、アジアの不動産市場で放ってはおけない存在となるでしょう。

第3章

グレーター・クアラルンプールのエリア分析

1 トップダウン分析

　マレーシア不動産が人気になっていますが、うわさやメディアの煽りに影響されてやみくもに物件を購入するのは賢明ではありません。まず、マーケットの全体像を把握し、投資するエリアを選定しましょう。選定するにはいくつかの指標を用いて他のエリアと比較・分析し、エリアを絞り込んでいきます。それをトップダウン分析といいます。これは、投資効率を高めるためと、リスクを認識するためです。

　マレーシア国内でも州や都市によって政策や特徴が異なります。例えば、人口が多い首都圏と、人口がこれから増える新興開発エリアの投資戦略は同じではありません。エリアの特徴に応じて投資戦略を変える必要があります。

　ここでは、マレーシアの2大投資エリアであるグレーター・クアラルンプール（第3章）とジョホール州（第4章）にフォーカスし、人口動態、所得水準、政府の開発計画など6つの外部要因から各エリアの特徴を分析します（次ページ参照）。

マーケットを知る6つの指標

	グレーター・クアラルンプール（クアラルンプール首都圏）	ジョホール州
①人口動態	・グレーターKLで約720万人（2010年） ・約520万人（SG） ・約170万人（KL）、40万人（他） ・2000万人規模の首都圏に成長させる計画	・150万人（2010年） ・300万人規模まで増加させる計画（2025年）
②所得水準 （※2012年）	一人当たりの月間所得平均 ・国内1位　8,586RM（KL） ・国内2位　7,023RM（SG）	一人当たりの月間所得平均 ・国内5位　約4,658RM（JB）
③政府の開発計画	・グレーター・クアラルンプール計画 ・例：国際金融特区（260億RM）、マレーシアゴム研究所開発等（100億RM） ・鉄道路線の延伸（2017年～2020年完成予定） ・郊外と中心部を結ぶ幹線道路は完成済み	・イスカンダル計画 ・主要道路はほぼ完成し、幹線道路は現在建設中（2020年完成予定） ・未開発用地が多く、生活ができる環境になるまで時間がかかる
④物件供給数	既存供給物件 ・41.5万戸（KL） ・127万戸（SG）	既存供給物件 ・67.4万戸
⑤賃料と価格水準 （スクエアフィート当たり） （※2011年）	・平均賃料単価（月額） 　4.6RM（KL、コンドミニアム） ・平均価格単価 　1,100RM（KL、コンドミニアム）	・平均賃料単価（月額） 　1.9RM（JB、コンドミニアム） ・平均価格単価 　330RM（JB、コンドミニアム）
⑥経済規模	GDP ・全体の約22%	GDP ・全体の約9.3%

2　クアラルンプールを知る「6つの指標」の詳細

　本節では、前ページで紹介した6つの指標について、詳しく見ていきます。

①人口動態について

　グレーター・クアラルンプールは、クアラルンプール（KL）と隣接するセランゴール州（SG）を合わせた大都市圏です。日本に例えると関東首都圏にあたります。以前は周辺都市を合わせても200万人程度でしたが、州外から人口が流入し、2010年時点で周辺都市を合わせて720万人まで増加しています。さらに将来的には、2000万人規模の首都圏に成長すると言われています。

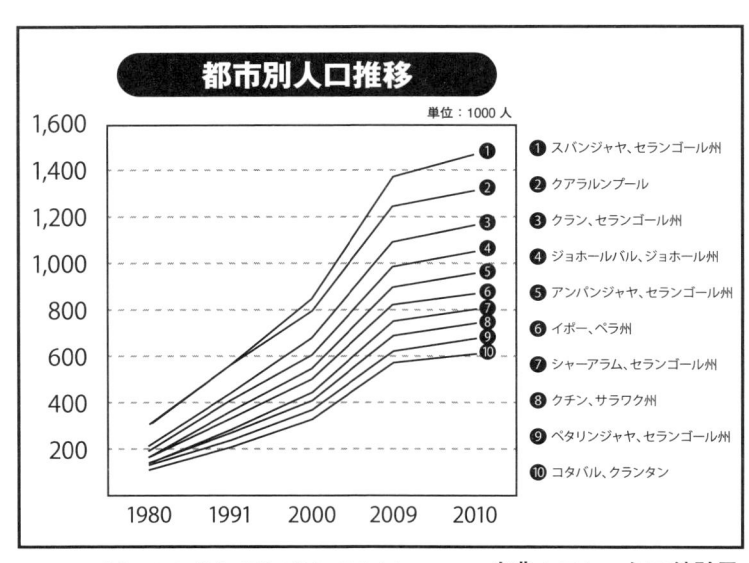

都市別人口推移（単位：1000人）

1. スバンジャヤ、セランゴール州
2. クアラルンプール
3. クラン、セランゴール州
4. ジョホールバル、ジョホール州
5. アンパンジャヤ、セランゴール州
6. イポー、ペラ州
7. シャーアラム、セランゴール州
8. クチン、サラワク州
9. ペタリンジャヤ、セランゴール州
10. コタバル、クランタン

※エリアの定義により、数値が異なる場合があります

出典：マレーシア統計局

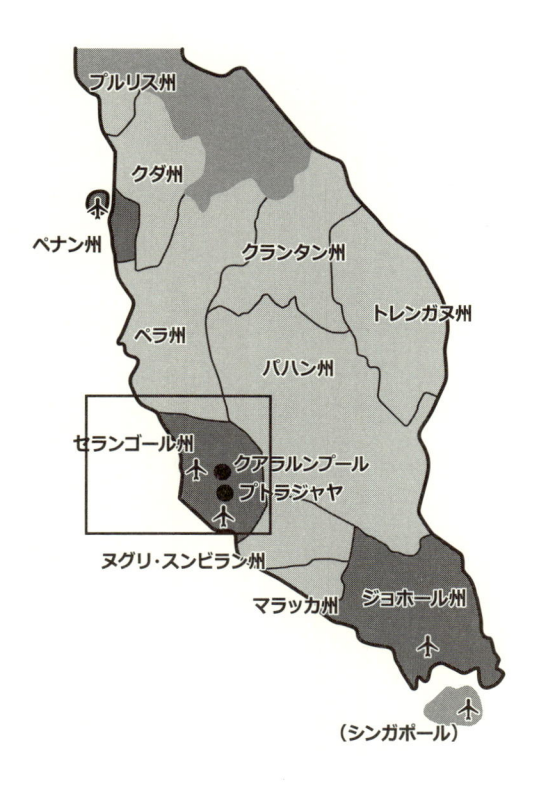

この人口増加には、セランゴール州の成長が大きく寄与しています。都市部への移住者や、外国人移住者で人口が急激に増加し、いまではクアラルンプールを抜き、セランゴール州には、約520万人が居住しています。州別で見ると、マレーシア国内で最も人口が多い州となっています。

②所得水準について

　マレーシアの世帯あたり平均月収の統計調査によると、2009年時点で4,025RMだった所得水準が、2012年には約5,000RM近くまで上昇しています。

　州別の統計では、クアラルンプールとセランゴール州が平均収入が最も高いエリアとなっています。なお、2009年から2012年までの所得水準の上昇率は、首都クアラルンプールで年平均14.9％。5,488RM程度だった収入は8,586RMまで上昇しました。セランゴール州においても5,962ＲＭから7,023RMに上昇しています。

　民族別の統計は、総人口2860万人（2011年時点）のうちの約25％を占める華人系の世帯収入は、平均値を27％上回っています。クアラルンプール在住の華人系は、平均10,000RM近くに達し、他州に比べて経済力が格段に上回っています。

◆**主要な州別の世帯収入（月間）**

★**クアラルンプール**
5,488RM（2009年） ➡ 8,586RM（2012年） ＋14.9％

★**セランゴール**
5,962RM（2009年） ➡ 7,023RM（2012年） ＋5.5％

★**ジョホール**
3,835RM（2009年） ➡ 4,658RM（2012年） ＋6.5％

出典：マレーシア統計局の調査「世帯収入・基本支出調査2012」

③政府の開発計画について

　マレーシア政府は、最も住みやすい都市世界20位以内に入ることを目標に、クアラルンプール周辺10都市を10年かけて一流のグローバル都市に転換させる計画を進めています。首都圏であるクアラルンプール周辺一帯は、マレーシアの経済発展を牽引するために指定された12の国家重点経済分野（NKEAs：National Key Economic Areas）のうち、唯一、「地域整備構想に指定されたエリア」です。そのことからも、クアラルンプールは政府が最も注力して開発するエリアだということが分かります。特に力を入れているのが、MRTやLRTとよばれる鉄道路線の拡張と金融特区の実現化です。これらのプロジェクトは着々と進んでいて、すでに計画地周辺の不動産価格に影響が出始めています。新路線工事や都市再開発計画など、政府が関与するグレーター・クアラルンプールは、マーケットが成熟しつつも国内で拡大成長する有望エリアです。

	カテゴリー	コスト(10億RM)	コスト(10億USドル)	完成時期
主なインフラ計画	クアラルンプール国際金融センター	26	8.06	n/a
	グレータークアラルンプールMRT（鉄道計画）	40	12.4	2020
	マレーシアゴム研究所	10	3.1	2025
	100階建てタワー	5	1.55	2020
コリドー開発	イスカンダルマレーシア	0.34	0.11	2020〜2025
	北部経済特区	0.13	0.04	
	東海岸経済特区	0.18	0.06	
	サラワク再生可能エネルギー開発地帯	0.09	0.03	
	サバ開発地帯	0.11	0.04	

出典：マレーシア不動産政府機構

④物件供給数について

マレーシア全体で、約443万戸の住宅が供給されています。そのうち、セランゴール州に既存供給物件は約127万戸あり、一戸当たり約4人の計算です(2010年時点)。2006年から2010年まで、年平均5.5％で供給が増えています。

一方、クアラルンプールの既存供給数は約41.5万戸、一戸あたりに換算すると約4人です。2006年から2010年まで年平均4％で増えています。年間取引額は、201億RM(約5,000億円、RM＝リンギット)に達し、年率約20％のペースで増えています。人口の流入ペースと比較しても、物件の供給数は安定的だと言えます。

しかし、2010年以降、クアラルンプールでは急速に供給が増えています。2013年には、2005年以来の供給量となり、過去最高に達する見込みです。下のグラフが示すように、2013年、2014年まではクアラルンプール市外に比べ市内への供給が多く、市内のコンドミニアムが供給過剰気味の傾向にあります。この事実から「2013年竣工の市内の物件」は、賃貸利回りや購入価格があまり上昇しない可能性が考えられます。

◆クアラルンプール内コンドミニアム新規供給数

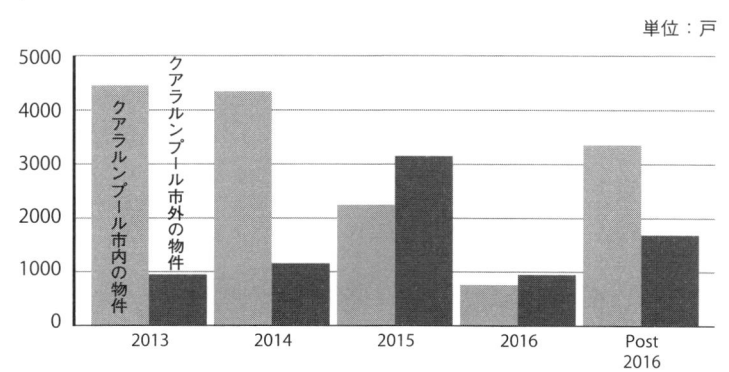

出典：国家不動産情報センター（NAPIC）

⑤賃料と価格水準について

　各エリアの住宅物件タイプ別の価格調査（2011年）によると、セミデタッチとコンドミニアムにおいて「クアラルンプールが最も高い」という統計が出ています。テラスハウス（平屋）は50万ＲＭ，セミデタッチハウス（連棟式戸建）は140万ＲＭ、コンドミニアムはスクエアフィートあたり単価平均1,100ＲＭです。他のエリアに比べ、圧倒的に高いことがわかります。2011年、コンドミニアムの平均月額賃料のスクエアフィート単価は、4.6RM, 利回りは平均5.0%でした。

◆住宅物件タイプ別の平均価格（2011）

ロケーション	テラスハウス	セミデタッチ	コンドミニアム(psf)
クアラルンプール	500,000 RM	1,400,000 RM	1,100 RM
セレンバン	180,000 RM	340,000 RM	NA
ペナン	700,000 RM	1,200,000 RM	450 RM
バターワース	300,000 RM	450,000 RM	230 RM
アロースター	300,000 RM	400,000 RM	NA
イポー	250,000 RM	400,000 RM	300 RM
ジョホールバル	380,000 RM	600,000 RM	330 RM
ブキパハト	240,000 RM	385,000 RM	NA
マラッカ	250,000 RM	400,000 RM	250 RM
クランタン	270,000 RM	460,000 RM	220 RM
トレンガヌ	300,000 RM	350,000 RM	250 RM
コタバル	280,000 RM	350,000 RM	250 RM
コタキナバル	425,000 RM	750,000 RM	490 RM
クチン	400,000 RM	700,000 RM	380 RM

出典：WTWインターナショナル

ただし、クアラルンプールの物件の平均価格は上昇しているものの、全物件（コンドミニアムを含む）の賃料単価は、2010年まで変化していません。スクエアフィート単価は3.7〜3.8RM（坪単価3,200円〜3,700円）です。これが示すように、クアラルンプールの住宅マーケットは、賃料が一定のまま、価格だけが上昇している状況です。もちろん、賃料が上昇している物件もありますが、インカムゲインを狙うには物件の見極めが必要になります。

◆クアラルンプール住宅物件の賃料と価格水準の推移

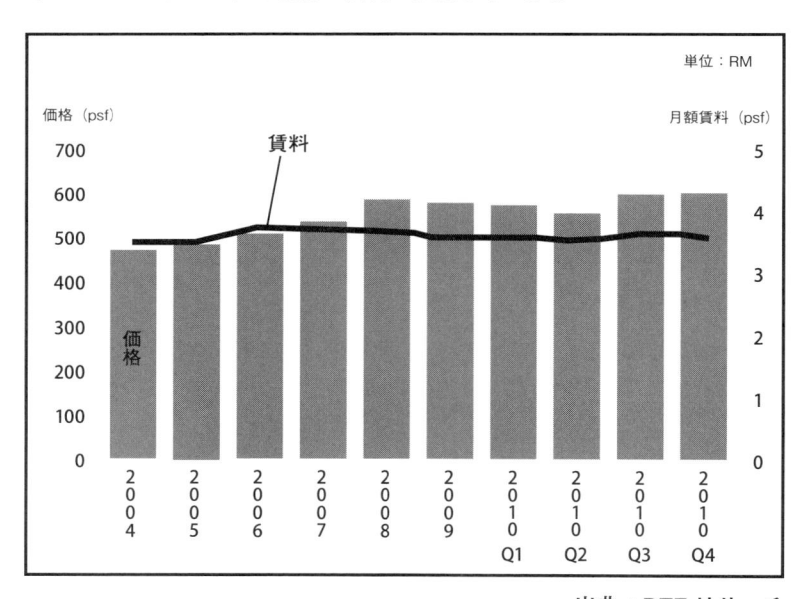

出典：DTZリサーチ

⑥主な産業と経済規模について

　マレーシア全体のGDP約22兆円のうち、クアラルンプール州の経済規模は、全体の9.2％（約2.0兆円）を占めています。主要産業は、マレーシア経済を牽引する金融、保険、不動産、通信、エネルギー事業が83％を占め、残り17％が製造業と建設業です。この産業構造を見る限り、生産性の高い産業で働く住民が多いことが想像できます。

　金融・サービス業が発達したクアラルンプールに対し、第二次産業を中心とした経済活動が盛んなセランゴール州のＧＤＰは、全体の10.8％（約2.3兆円）を占め、国内で最も高い経済成長率を誇っています。かつてはクアラルンプールのベッドタウンというイメージだったエリアですが、ここ数年でインフラが整い産業が発達したおかげで、ビジネス地域としても注目されています。さらに他州からの流入による人口増加を背景に、住宅の開発需要が増えています。連邦政府にとっても主要な収益源となっているセランゴール州は、ローカルの投資家が注目する新興開発エリアの注目株となっています。

◆州別GDP比率

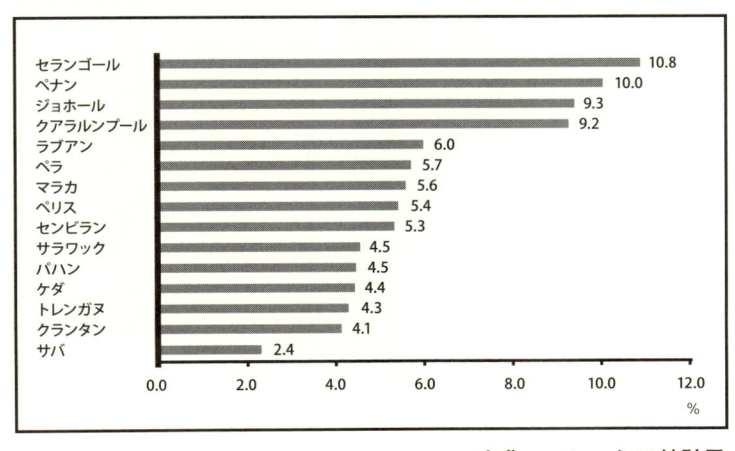

州	%
セランゴール	10.8
ペナン	10.0
ジョホール	9.3
クアラルンプール	9.2
ラブアン	6.0
ペラ	5.7
マラカ	5.6
ペリス	5.4
センビラン	5.3
サラワク	4.5
パハン	4.5
ケダ	4.4
トレンガヌ	4.3
クランタン	4.1
サバ	2.4

出典：マレーシア統計局

3 グレーター・クアラルンプール主要エリアの特徴

　ここまで、マレーシア全体を俯瞰し、グレーター・クアラルンプールについて、大きく6つの視点からエリア分析をしました。それを踏まえて、本節では、グレーター・クアラルンプール内の主要エリアを見ていきたいと思います。

　グレーター・クアラルンプールは、大きく7つのエリアに分けることができます。79ページ以降で、それぞれわかりやすいように簡潔に解説していきます。

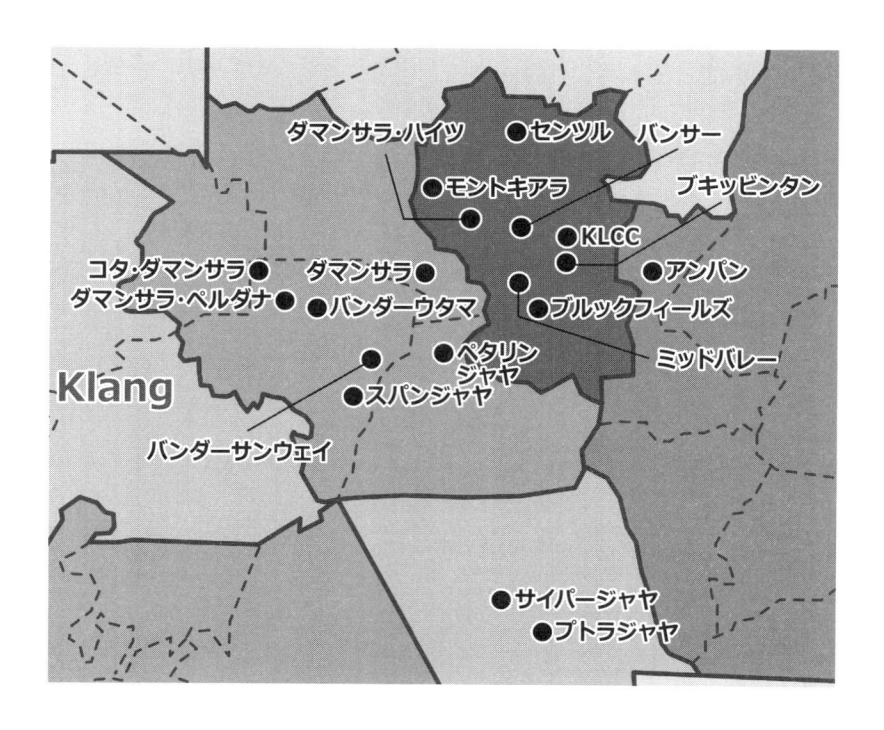

地図：グレーター・クアラルンプールの主要エリア
- ダマンサラ・ハイツ
- センツル
- バンサー
- モントキアラ
- ブキッビンタン
- KLCC
- コタ・ダマンサラ
- ダマンサラ
- アンパン
- ダマンサラ・ペルダナ
- バンダーウタマ
- ブルックフィールズ
- ペタリンジャヤ
- ミッドバレー
- Klang
- スバンジャヤ
- バンダーサンウェイ
- サイバージャヤ
- プトラジャヤ

エリア	都市
①クアラルンプール地区 中心部	◎KLCC ◎ブキッビンタン
②クアラルンプール地区 西部	◎バンサー ◎ダマンサラハイツ ◎モントキアラ
③クアラルンプール地区 南部	◎ブルックフィールズ ◎ミッドバレー
④クアラルンプール地区 北部	◎センツル / ティティワンサ
⑤クアラルンプール地区 東部	◎アンパン
⑥セランゴール州西部	◎ペタリンジャヤ ◎バンダーウタマ ◎ダマンサラ・ペルダナ ◎コタ・ダマンサラ ◎バンダーサンウェイ ◎スバンジャヤ
⑦セランゴール州南部	◎サイバージャヤ ◎プトラジャヤ

グレーター・クアラルンプール

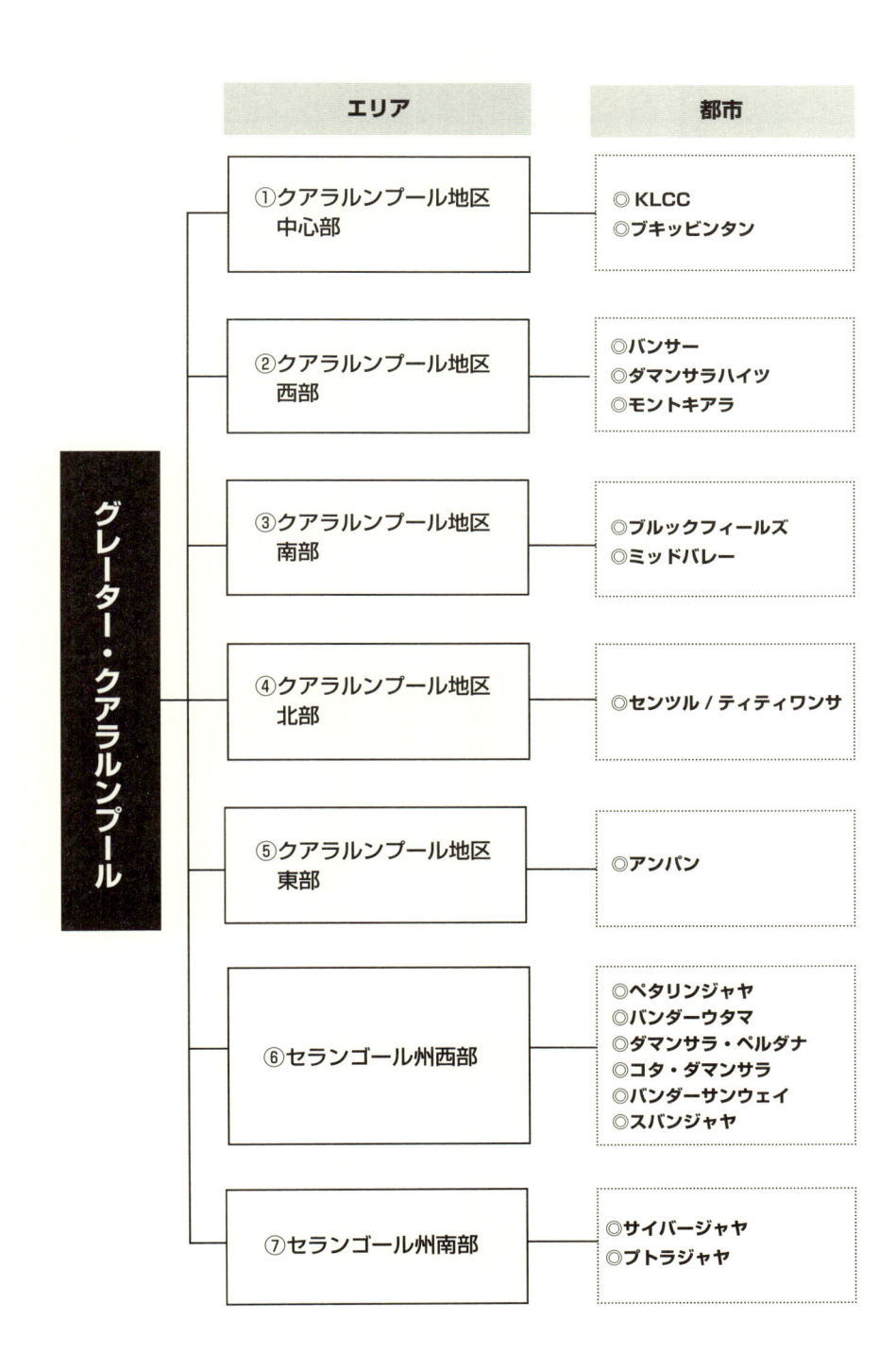

コラム：スクエアフィート単価について

　マレーシアの不動産情報で、「Psf」という言葉が出てきます。これは「Per Square Feet」、つまり１スクエアフィート当たりの単価のことです（スクエアフィート単価＝物件価格÷スクエアフィート面積）。日本でいえば「坪単価」のようにマレーシアの投資家の間でよく使われる価格の指標です。

　　　　１平米　＝　10.764 スクエアフィート
　　　　１スクエアフィート = 0.0929 平米
　　　　1,000 スクエアフィート = 92.9 平米

①クアラルンプール地区中心部

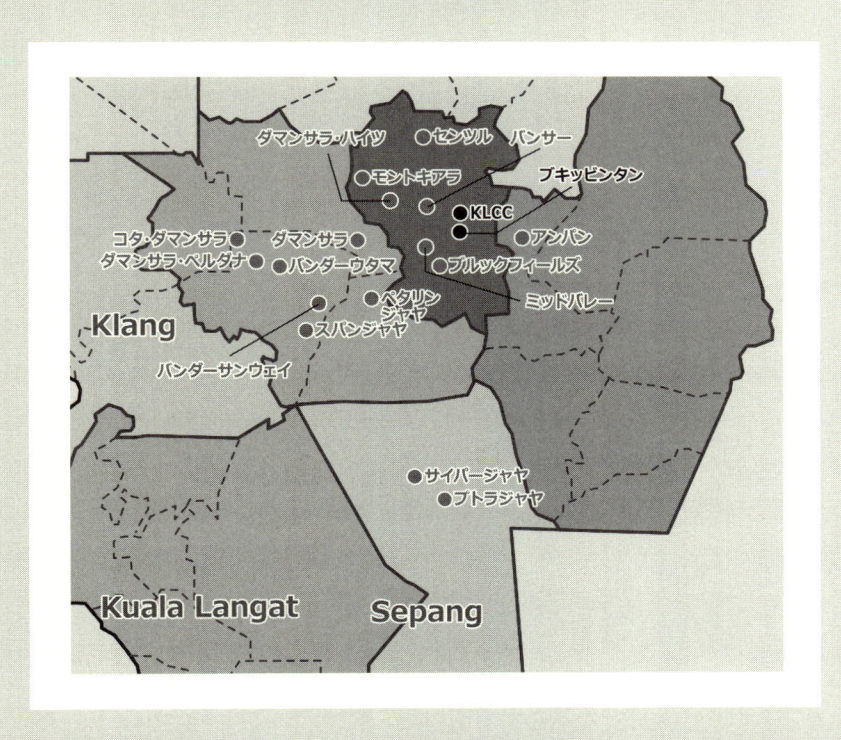

①−1：KLCC

> インカムゲイン　★★★☆☆
> キャピタルゲイン　★★★★☆

A.：日本に例えるなら
東京「赤坂・六本木」のイメージ。

B.：エリアの特徴
クアラルンプールの中心地。ペトロナス・ツインタワーを中心にオフィス・ホテル、商業施設、高級コンドミニアムが建ち並ぶプライムエリア。アンパン通り、スルタン・イスマイル通り、ラジャ チュラン通りに囲まれたゴールデントライアングルと呼ばれる地区は特に人気。

C：ロケーション／アクセス
クアラルンプールの中心地。

D：住民の属性
中・高所得者の華僑系マレーシア人、外国人駐在員が多い。エリア内に「フェアビューインターナショナル」「アリス・スミス・インターナショナル・スクール」など有名インター校の教育施設があり、子供も持つ外国人ファミリー層に人気。

～KLCC の街並み～

①-2：KLCC/ ブキッビンタン

> インカムゲイン　★★★☆☆
> キャピタルゲイン　★★★★★

A：日本に例えるなら

東京「新宿」のようなイメージ。

B：エリアの特徴

　KL最大の繁華街。ブキッビンタン駅北側がオフィス街、東側にはKL人気No.1の複合型商業施設「パビリオン」や「スターヒル」といった高級ショッピングモールがある。ブキッビンタン通りの北西側には、50軒以上の中華屋台が立ち並ぶアロー通りがあり、歌舞伎町のようなネオン街になっている。南側は、アジアの巨大なビジネス地区になることを期待されているKLIFD（金融経済特区）の開発地がある。

　インビ駅の近くには、クアラルンプールの秋葉原と呼ばれるPlaza Low Yatやテーマパーク、ホテル、さらにはショッピングセンターを兼ね備えたベルジャヤ・タイムズ・スクエアなどがあり、利便性は抜群。

C：ロケーション / アクセス

　KLCC中心部から南に約1km。最寄り駅はブキッビンタン駅、インビ駅。

D：住民の属性

　マレーシア人のほか、他民族、多国籍の外国人が居住している。短期滞在するビジネスマンや駐在員、観光客も多い。

～ブキッビンタンの街並み～

① クアラルンプール中心部　まとめ

◆価格と収益性

　地価・物件価格がマレーシアで一番高い。一等地の高級コンドミニアムを探しているならこのエリアがベスト。東京タワーが見える物件にプレミアがあるのと同じように、ツインタワーや KL タワー（東南アジア最大級の通信塔）が見える部屋は高い価格で取引されている。ブキッビンタンにあるパビリオンモールは、クアラルンプールのシンボル的なランドマークで、ショッピングモールに近い物件は資産性が高い。短期滞在のビジネスマン、ロングステイ層に賃貸するショートタームレンタル向けのホテルコンドミニアムの利回りが高い。1LDK から 2LDK タイプの 100 万 RM 以下の高層コンドミニアムが賃貸しやすく、投資用としても人気だが、プレビルド物件の供給はほとんどない。

◆今後の見通し

　2008 年、2009 年の景気低迷で価格が下落した後は、順調な回復を見せている。プライムエリアでは開発用地が少なくなっており、立地が良いエリアのコンドミニアムはさらに価格が上がると見られる。また、MRT プロジェクトで政府が用地を買収することも考えられる。MRT 駅周辺半径 500 メートル以内の物件には大きくプレミアムが付く可能性が高い。今後は金融特区（国際金融センター）開発地に近いブキッビンタン南側エリアにある物件が狙い目。

②クアラルンプール地区西部

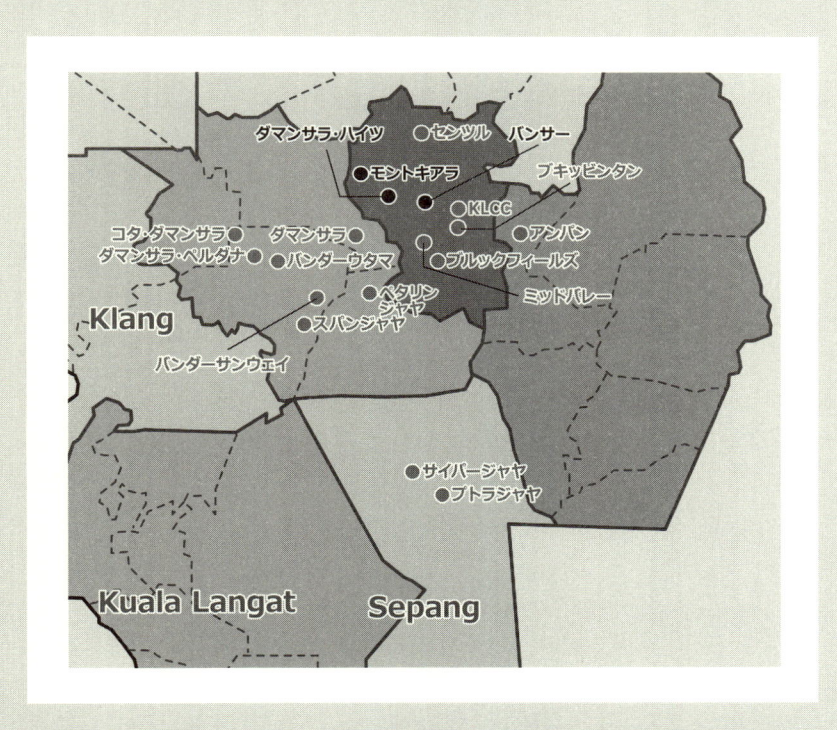

②-1：バンサー

> インカムゲイン　　★★☆☆☆
> キャピタルゲイン　★★★★☆

A. 日本に例えるなら
東京「渋谷・代官山」のイメージ。

B. エリアの特徴
クアラルンプールとペタリンジャヤの間にあるクランバレーで、最も歴史がある高級ブランド地区。広大な丘の中腹にあるバンガロー住宅や高級コンドミニアムが多い。高級レストランやお洒落なレストラン、ナイトライフを楽しめる場所が多い。

C. ロケーション / アクセス
エリア内の主要駅は、LRT バンサー駅。さらに、MRT1 号線計画では住宅地の近隣に PB ダマンサラ駅が新設される予定。KL 市内への道路アクセスは、バンサー通りを経由して車で約 10 分。郊外地へのアクセスも便利で、バンサーが新パンタイ高速道路（バンサー・スバンジャヤ間）や南北高速道路の経由地となっている。

D. 住民の属性
高所得者層のマレーシア人や欧米系の外国人駐在員。

～バンサーの街並み～

②-2：ダマンサラ・ハイツ

> インカムゲイン　★★☆☆☆
> キャピタルゲイン　★★★☆☆

A. 日本に例えるなら
東京「青山」のイメージ。

B. エリアの特徴
新興の高級住宅街のひとつ。ペタリンジャヤ（PJ）のゴールデントライアングルとよばれるエリア。高層ビルを建設できる用地が限られているため、マンションやコンドミニアムよりも、高級ヴィラ、セミデタッチ住宅やバンガローなどの低層住宅が多い。

C. ロケーション / アクセス
KL中心部へ数分でアクセス可能。バンサーにも近い。

D. 住民の属性
中高所得者層のマレーシア人と欧米系、アジア系外国人駐在員。

~ダマンサラ・ハイツの街並み~

②-3：モントキアラ

> **インカムゲイン** ★☆☆☆☆
> **キャピタルゲイン** ★★☆☆☆

A. 日本に例えるなら
東京「汐留・浜松町」のイメージ

B. エリアの特徴
外国人向け高層コンドミニアムが建ち並ぶブランド居住区。日本食が購入できるスーパーマーケットや日本のサロン、ブティックもあり、日本での暮らしと遜色なく生活できる環境が整っている。駐在員の子供が通うインターナショナル校「モントキアラ・インター」「ガーデン・インター」が有名。

C. ロケーション / アクセス
KLCC中心地から西に約7km、車で約15分の場所。

D. 住民の属性
住民の平均月収が2万RM（約50万円）といわれ、富裕層が多いエリア。隣町のスリハタマスとともに外国人駐在員が多いことで有名。特に日本人と韓国人の駐在員に人気で、両国出身の人口を合わせるとモントキアラのほぼ半分を占めているといわれる。

～モントキアラの街並み～

②クアラルンプール地区西部　まとめ

◆価格と収益性

　KLCC周辺を政府関係者や駐在員などのビジネスマンが住むエリアとするなら、バンサーは大企業のトップや資産家が住むエリアとして知られている。バンサーエリアは、丘の上にある高台に位置し、大型コンドミニアムを開発できる用地が少ない。希少性が高く、KLCCビューを望める物件は資産性が高い。ただし、利回りが低く、インカムゲインを期待できる投資用物件の供給が少ない。

　一方、モントキアラは、生活環境エリアとしては申し分ないものの、投資エリアとなると話が変わる。2010年以降は全体的に価格が伸び悩み、ローカル層の間では投資対象エリアとしては懸念されている。原因は、2008年以降、高級コンドミニアムが次々と建てられ、物件供給過剰になっているため。また、ラッシュアワーの道路の混雑が激しく、渋滞を嫌がるローカル層がこのエリアにあまり住まないことも影響している。竣工後、プレビルド価格より下がっているケースも多く、投資するなら完成物件のほうが安全。また、空室率が高いコンドミニアムもあるため、高級コンドミニアムのプレビルド投資だと賃貸リスクが高い。

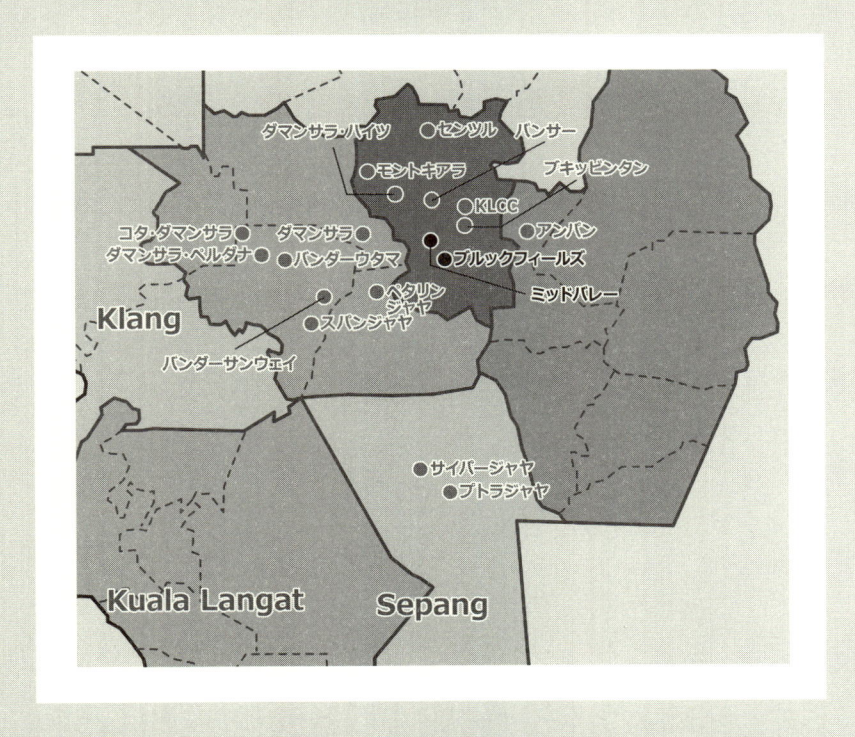

③クアラルンプール地区南部

③－1：ブルックフィールズ（KL セントラル）

> インカムゲイン　　★★★☆☆
> キャピタルゲイン　★★★★☆

A. 日本に例えるなら
東京「品川」のイメージ。

B. エリアの特徴
東南アジア最大級の基幹ターミナル駅である KL セントラル駅を中心に栄えた街。もともとクアラルンプールの開拓入植地のひとつで、レンガ作りが有名なエリア。インド人街の町並みが残る住宅街だったが、2001 年に正式に開始した KL セントラル開発プロジェクトのおかげで繁華街へと急速に進化。周辺地域は、オフィスビル、コンドミニアムが続々と開発されている。

C. ロケーション / アクセス
KLCC 中心部から南西約 4 km。

D. 住民の属性
インド系マレーシア人、観光客、外国人労働者が多い。

～ブルックフィールズの街並み～

③-2:ミッドバレー

> インカムゲイン　★★★☆☆
> キャピタルゲイン　★★★★☆

A. 日本に例えるなら
東京「恵比寿」のイメージ。

B. エリアの特徴
　大手デベロッパーIGB社によって開発されたエリア。恵比寿といえば「恵比寿ガーデンプレイス」に象徴されるように、ミッドバレーでも複合商業施設「ミッドバレーメガモール」が街の中心となっている。このショッピングセンターはアジア最大規模で、430以上のレストラン、カフェやメトロジャヤ、ジャスコ、カルフールなどの大手スーパーが入居している。また、外資系企業（ボルボ、パナソニック、広告会社のベイツなど）や金融機関［メイバンク、マレーシア格付会社（MAICSA）、アライアンス銀行、RHB銀行］、役所［クアラルンプール市庁舎（DBKL）］が拠点を置くビジネスエリアとしても発展。2008年9月にマレーシアのサイバーセンターに指定され、IT産業にも力を入れている。

C. ロケーション／アクセス
　KLCCの南側に位置し、クランバレーのちょうど中間地。KLセントラルまで車でおよそ5～10分ほど、クアラルンプール国際空港（KLIA）までは1時間以内の距離。パンタイ病院とマレーシアメディカルセンター大学へ車で数分の距離。マレーシア日本人会もミッドバレーに近い。

D：住民の属性

　ミッドバレーは商業と住居両方が混在しているエリア。商業エリアにおいては、華僑系、マレー系、インド系が混在している。住居エリアにおいては、華僑系、マレー系、インド系が多い。

～ミッドバレーの街並み～

③クアラルンプール地区南部　まとめ

◆**価格と収益性**

　KLセントラル周辺は、駅周辺の開発が進むと、駅に近い高層ビルの地価が上昇している。ミッドバレー周辺一帯は、大型ショッピングセンターに引き寄せられるように、コンドミニアムが開発され、居住人口が増加中。大手デベロッパーSPセティアが手がけるKLエコシティーは、クアラルンプールに残された数少ない大型用地のひとつと言われるエリアで、ホットスポットになっている。主に外国人向けに販売プロモーションを展開。大手デベロッパーの支配力が大きく、売り手市場となっているため、周辺エリアと比べて、価格単価が高い。コンドミニアム価格単価は、KLCCプライムエリアに近い水準まで上昇している。

◆**今後の見通し**

　クアラルンプールの開発は、南下する傾向にあり、南部はさらに開発が進む可能性がある。政府系デベロッパーが手がけるKLセントラルの南側にできるバンダル・マレーシア（シティーオブマレーシア）は、今後注目。

④クアラルンプール地区北部

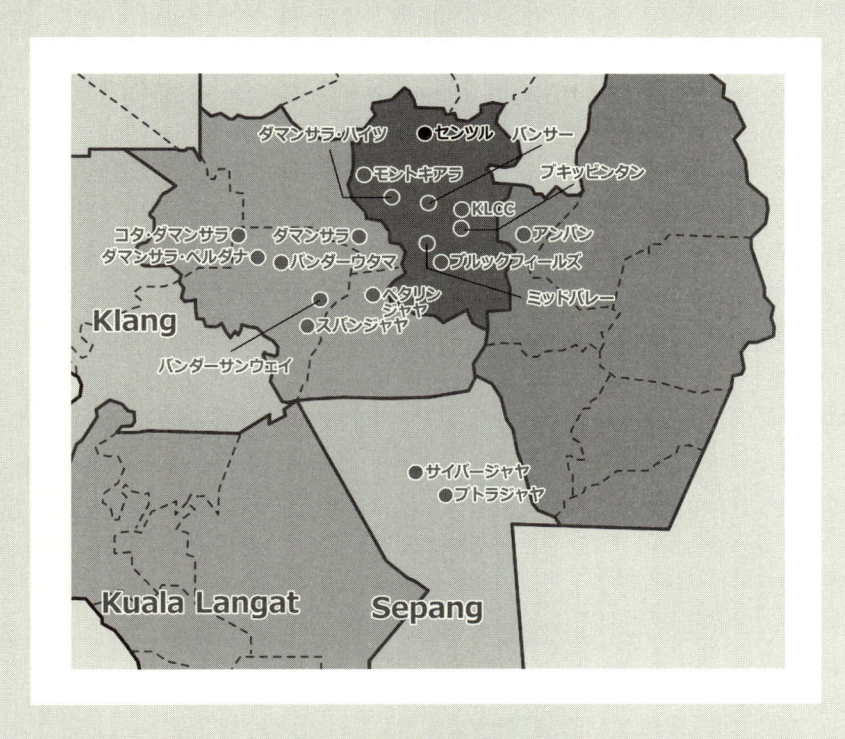

④：センツル / ティティワンサ

> インカムゲイン　　★★★☆☆
> キャピタルゲイン　★★★★☆

A. 日本に例えるなら
センツルは東京「墨田区」、ティティワンサは東京「台東区」のイメージ。

B. エリアの特徴
センツルは、大手デベロッパー YTL がマスターデベロッパーとして手がける KLCC 周辺最大の再開発エリア。インド系移民の影響を受け、ヒンズー教寺院が多く点在する。2007 年に「ベストマスタープラン（FIABCI Malaysia Property Awards）」を受賞するなど、センツルの開発計画はマーケットからの評価が高い。総開発費 15 億 RM の複合施設プロジェクトを 2020 年までに完成させる予定。

C. ロケーション / アクセス
KLCC へのアクセスは車で約 5 分。また、LRT と KTM の終着駅や、主要インターチェンジエリアなど、重要なアクセスポイントになっている。モノレールや LRT の駅周辺は郊外近距離バス乗り場となっているため、ラッシュアワーには乗換え客で混雑する。

D. 住民の属性
マレー系、インド系マレーシア住民が多い。

～センツル / ティティワンサの街並み～

④クアラルンプール地区北部　まとめ

◆価格と収益性
　センツルは、KL市の中心部まで、アクセスがよく、インフラが整備されているにもかかわらず、KLCCとの価格差が大きい（土地価格はKLCCが平均2400RM psfに比べて、センツルが150RM psf）。外国人の投資比率が低く、投資が過熱していないため比較的、価格が低い。現地の声では数年のうちにセンツルのコンドミニアム平均価格単価は、平均600RM psfから1,000psf近くまで上昇すると地元関係者は話している（2012年時点）。立地が良く、キャピタルゲインが狙える数少ないエリアのひとつ。

◆今後の見通し
　北部は昔からある古い街で、全体的に築年数が経過したビルが多い。最近では、MRT駅周辺の土地付き物件を購入し、古くなったビルを再開発する動きがでている。大手デベロッパーのYTLは、マレーシアでブキビンタン（5エーカー）、KLセントラル（5エーカー）の土地を購入する中、センツルで119エーカーの土地を購入し開発用地の重要拠点に位置付けている。開発が進んで、センツルがサークルラインの主要駅になれば、さらに地価が上昇する可能性が高い

⑤クアラルンプール地区東部

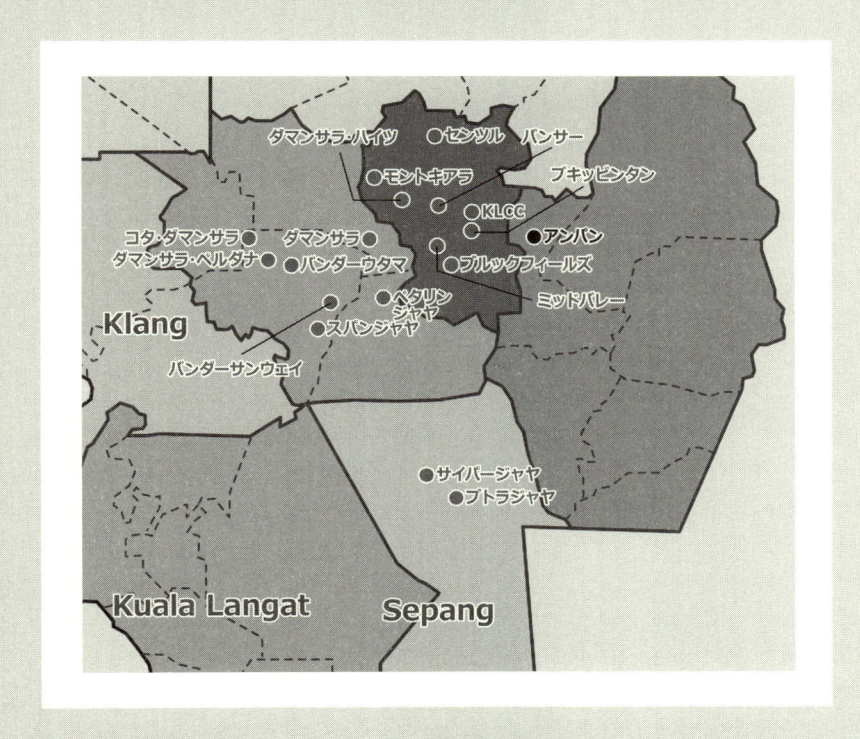

地図:
- ダマンサラ・ハイツ
- センツル
- バンサー
- モントキアラ
- ブキッビンタン
- KLCC
- コタ・ダマンサラ
- ダマンサラ
- アンパン
- ダマンサラ・ペルダナ
- バンダーウタマ
- ブルックフィールズ
- ペタリンジャヤ
- ミッドバレー
- スバンジャヤ
- バンダーサンウェイ
- サイバージャヤ
- プトラジャヤ

Klang / Kuala Langat / Sepang

⑤：アンパン

> インカムゲイン　★★★☆☆
> キャピタルゲイン　★★★★☆

A. 日本に例えるなら
東京「麻布・白金高輪」のイメージ。

B. エリアの特徴
閑静な高級住宅ブランド地区。古風で趣のある広大なバンガローが多く点在。中心地から少し離れるとコリアタウンがある地域としても知られる。ショッピングモールから、ゴルフコース、レストラン、市場、国立動物園、国立美術館や劇場まで、何でも揃っており利便性は抜群。医療施設は「アンパン・プテリスペシャリスト・センター」「グレン・イーグルス・インタンメディカルセンター」「パンタイ・インダ病院」「アンパン病院」が有名。また、「KLインターナショナルスクール」「ムティアラインターナショナルスクール」のインター校は日本人に人気。

C. ロケーション / アクセス
KLCC中心部から東に向かって約1キロ。アンパン通りの東端、LRT線の始発駅アンパン駅を起点に西へ行くと、外国大使館や公邸、高級ホテルへ、東へ行くと高級住宅エリアへ。

D. 住民の属性
主に外国大使館関係者、外国人駐在員、地元の富裕層が多い。

～アンパンの街並み～

⑤クアラルンプール地区東部　まとめ

◆価格と収益性

　クアラルンプールの東に延びるアンパン通りは通称「大使館通り」。名前でもわかるように、大使館や外国政府または外資企業の仕事を従事している高所得の外国人が多い地区。外国人投資家がいち早く投資している地区でもあり、価格が年々上昇している。

　アンパンエリア（KLCC駅前から、大使館密集地区を経由し、アンパンポイントショッピングモールの1ブロック先まで）は、2012年時点、スクエアフィート単価1000RM〜1800RMの価格帯。

◆今後の見通し

　アンパン通りはクアラルンプール東部の大動脈であると同時に、交通渋滞も年々増している。アンパン通り周辺の不動産に投資する場合は、物件周辺の道路交通事情を情報収集する必要がある（例えば、渋滞を迂回するために、近道または高速を利用できるかどうか。電車駅または新設路線が経由しているかどうか）。政府はこの問題を解決するために、新しい交通インフラの整備などに力を注いでいる。今後、新路線または、新設される道路の周辺の不動産がさらに注目され、それに伴い価格が上昇する可能性がある。

⑥セランゴール州西部

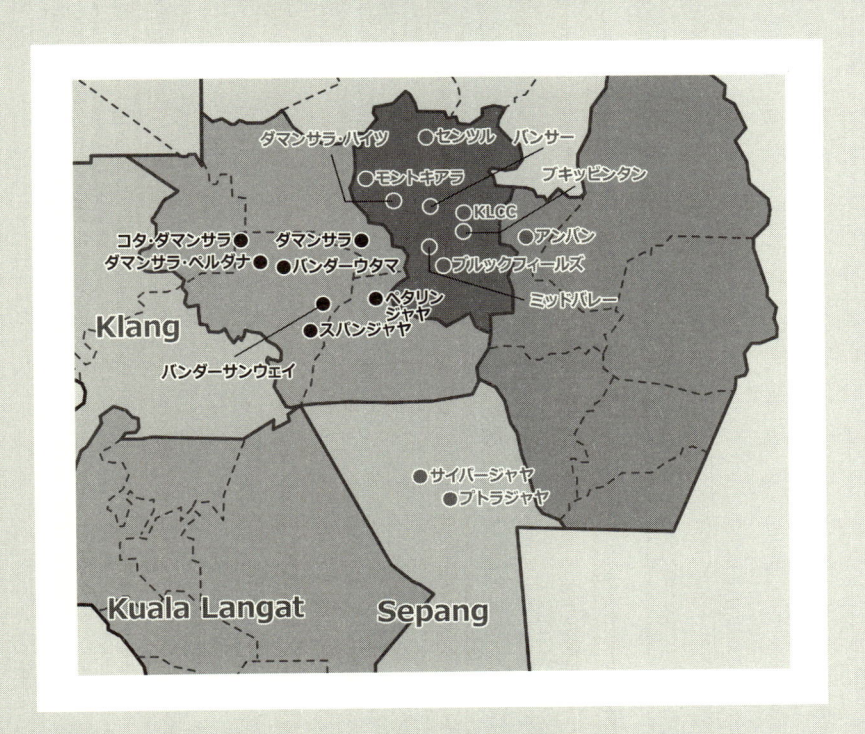

- ダマンサラ・ハイツ
- センツル
- バンサー
- モントキアラ
- ブキッビンタン
- KLCC
- コタ・ダマンサラ
- ダマンサラ
- アンパン
- ダマンサラ・ペルダナ
- バンダーウタマ
- ブルックフィールズ
- ペタリンジャヤ
- ミッドバレー
- Klang
- スバンジャヤ
- バンダーサンウェイ
- サイバージャヤ
- プトラジャヤ
- Kuala Langat
- Sepang

⑥-1：ペタリンジャヤ

> インカムゲイン　　★★★★☆
> キャピタルゲイン　★★★★☆

A. 日本に例えるなら
東京「世田谷」のイメージ。

B. エリアの特徴
通称 PJ と呼ばれるペタリンジャヤは、ローカル層に最も人気がある住宅街のひとつ。クランバレーのベッドタウンでもある。

C. ロケーション／アクセス
KLCC から南西に約 11km。マレーシア政府の重点政策のひとつである鉄道インフラ整備の一環で、鉄道路線ケナラジャヤ線のスバンジャヤまでの延伸が、2013 年には完成する予定。

D. 住民の属性
中国系マレーシア人が最も多く約 5 割、マレー系マレー人が約 3 割、インド系マレーシア人約 1 割。多民族が居住するエリア。多くの日系企業が進出し、日本人も多く住んでいる。2003 年時点で 45 万人だった人口が 2010 年には 64 万人に達するなど、人口増加が著しい。

～ペタリンジャヤの街並み～

⑥-2：バンダーウタマ

```
インカムゲイン    ★★★☆☆
キャピタルゲイン  ★★★★☆
```

A. 日本に例えるなら
神奈川県「川崎」のイメージ。

B. エリアの特徴
もともとパームオイルのプランテーションをしていたエリアが開発された新興都市。1996年にオープンした当時アジア最大級のショッピングセンターだった「ワン・ウタマ」のモールには、イオン、ユニクロ、トイザらス、和民、伊勢丹が入居している。車で5分のところには家具大手「IKEA」や、職業体験型テーマパーク「キッザニア」が施設を構える「ザ・カーブ」がある。ショッピングモールに近い立地はローカル層に人気。

C. ロケーション / アクセス
KLCCから約15km、車で約15〜20分。ショッピングモールだけでなく、トロピカーナゴルフリゾートなどのゴルフ場も近い。

D. 住民の属性
かつては出稼ぎのために来た不法移民の集落があり、治安が悪い場所だったが、それらが撤去された後は治安が改善。1990年まで人口が100人にも満たなかった場所が、今では6万人のエリアに成長。

～バンダーウタマの街並み～

⑥-3：ダマンサラ・ペルダナ

> インカムゲイン　★★★☆☆
> キャピタルゲイン　★★★★☆

A. 日本に例えるなら
神奈川県「新横浜」のイメージ。

B. エリアの特徴
　MK ランドのグループ会社であるサウジャナ・トライアングル社が開発する新興都市。リゾートスタイル、ハイテク、アートをテーマにペタリンジャヤ地区のビジネスセンターと居住地区の複合開発として発展してきた。1996 年に開発が始まって以来、この地域で販売される物件は人気で、すぐに完売してしまうことも珍しくない。

C. ロケーション / アクセス
　KLCC から約 15km、車で約 15 〜 20 分。バンダーウタマの北側に位置。

D. 住民の属性
　主に中高所得者層の華僑系マレーシア人、政府機関や大手企業で働くマレー系マレーシア人が居住するエリア。

～ダマンサラ・ペルダナの街並み～

⑥-4:コタ・ダマンサラ

インカムゲイン　★★☆☆☆
キャピタルゲイン　★★★☆☆

A. 日本に例えるなら
埼玉県「大宮」のイメージ。

B. エリアの特徴
コタ・ダマンサラはかつて農業地だったエリア。土地を所有しているセランゴール州開発公社（PKNS）と民間会社の共同事業で区画整理を行い、総面積のうち1500エーカー（6000平方キロ）を住宅用として開発中。

C. ロケーション / アクセス
KLCCから約25km。車で20～30分。ダマンサラ・ペルダナの西側に位置。以前は、違法駐車が多く交通渋滞が慢性的に起きていたが、政府が対策を講じ解消した。

D. 住民の属性
初めて物件を購入する若いローカル層が多いエリア。約30万人が居住。

～コタ・ダマンサラの街並み～

⑥-5：バンダー・サンウェイ

```
インカムゲイン    ★★★★☆
キャピタルゲイン  ★★★★☆
```

A. 日本に例えるなら

千葉県「浦安」のイメージ。

B. エリアの特徴

バンダー・サンウェイは、最大手デベロッパーの一角サンウェイ社が開発する大型タウンシップ。病院、大学（マレーシアトップ校 モナシュ大学）、医学校、インターナショナルスクール、ショッピングモール（世界9位規模）、ホテル2軒（クアラルンプールで最大規模の1234室）、大型ウォーターテーマパーク「サンウェイ・ラグーン」（アジア最高のテーマパークに選出）、住宅、オフィスタワーを完備したマレーシア随一の総合タウンシップ。　ランドマークとなるサンウェイ・ラグーンは、350ヘクターの敷地（ディズニーリゾートの3倍近い規模）に総額34億ドル（約2500億円）を投じて開発されたフラッグシップ・プロジェクト。ビジターの年間訪問回数は4000万回を超え圧倒的な人気を誇り、数々の受賞も手にしている。湖近くのサンウェイサウスキーは、リゾートの最後の宝石とよばれ、ローカル層および外国人から人気が高い。

C. ロケーション / アクセス

KLCCから約15km、車で約20分。KL国際空港まで30分。バンダー・サンウェイ都市エリア内に、全長6kmのマレーシア初の高架式バス

高速輸送システム（BRT= Bus Rapid Transit）が2014年に完成予定。（下記写真参照）最寄のマラヤ鉄道駅（完成済）とLRT鉄道駅（2015年完成予定）を結び、完成後はアクセスが格段に便利になる。

D. 住民の属性

ペタリンジャヤ周辺で働く中間所得者層のマレーシア人、州外からの移住者、海外から学びにくる外国人留学生が居住している。なお、大学には103カ国から33,000人の学生が在籍。

~バンダー・サンウェイの街並み~

⑥-6：スバンジャヤ

> インカムゲイン　★★★☆☆
> キャピタルゲイン　★★★☆☆

A. 日本に例えるなら
神奈川県「横浜」のイメージ。

B. エリアの特徴
郊外にもかかわらず、ローカルマレーシア人だけでなく外国人にも人気の住宅エリア。国内各所、シンガポール、タイなど近隣へのフライトに大変便利なスバン空港がある。広大な敷地面積を誇るゴルフコースや、24時間外来対応で日本人看護師、通訳が在勤するサイムダービー総合病院など周辺環境は整っている。スバンジャヤは学園都市としても有名で、私立総合大学「テイラーズ大学」は国内屈指の人気を誇る。

C. ロケーション / アクセス
KLCCから南西に約18km。私鉄延伸に伴い新駅も建設予定。

D. 住民の属性
145万人が居住し、マレーシア国内で最も人口が多い都市（マレーシアの2010年国勢調査）。中所得者層のマレーシア人が多く居住している。日系企業の拠点があるため、日本人も多い。

～スバンジャヤの街並み～

⑥セランゴール州西部　まとめ

◆価格と収益性
　セランゴール州西部のペタリンジャヤ周辺都市は、以前としてローカル層に人気が高く、不動産価格が上昇している。ＫＬ市内ではコンドミニアムのプレビルド投資で1,000RM psf以下、総額100万ＲＭ以下で購入できる物件の供給が少なくなっている中、セランゴール州西部ではコンドミニアムだけでなく土地つきの物件を含め、1,000RM psf以下、総額50万〜100万ＲＭ以下のキャピタルゲインとインカムゲインを狙える優良物件は残っている。しかし、価格単価は年々上昇しており、2011年では600RM psfだった物件が2012年末には750RM psfや800RM psfまで上昇している物件もある。立地がよければ、すぐに1000ＲＭ psfに近い水準まで上昇し、KL市内の相場に近づくと地元の投資家は話している。

◆今後の見通し
　セランゴール州西部は、人口増加に伴い、商業地域に変わりつつある。ペタリンジャヤ周辺に本社も構える大手企業や政府系機関も少なくない。クアラルンプール市内から西側に向かって開発が進み、かつて、産業エリアだった工場跡地に、住宅や商業施設を開発するケースも多い。西へ行けば行くほど、地価や物件が安くなる傾向があり、他州から首都圏に移り住んできた人や初めて物件を購入する人が多く、手ごろな物件を探している。そのため、比較的、安い物件に人気がある。今後も人口流入、若い夫婦や学生層の増加に伴い、賃貸需要や購入需要は底堅い。

⑦セランゴール州南部

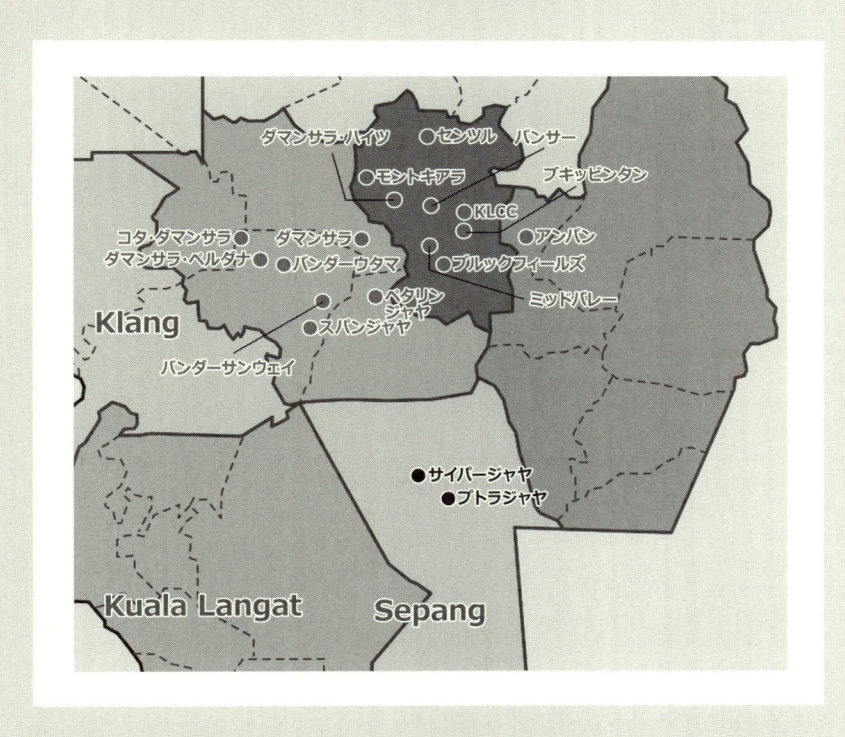

ダマンサラ・ハイツ　センツル　バンサー
モントキアラ　ブキッビンタン
KLCC
コタ・ダマンサラ　ダマンサラ　アンパン
ダマンサラ・ペルダナ　バンダーウタマ　ブルックフィールズ
Klang
ペタリンジャヤ　ミッドバレー
スバンジャヤ
バンダーサンウェイ

サイバージャヤ
プトラジャヤ

Kuala Langat　Sepang

⑦-1：サイバージャヤ

> インカムゲイン　　★★★☆☆
> キャピタルゲイン　★★★★★

A. 日本に例えるなら
　東京「お台場・有明」のイメージ。

B. エリアの特徴
　前マハティール首相がアメリカのシリコンバレーを参考に、国家政策としてIT産業都市を目指した都市。かつてはパームオイルのプランテーション以外何もなかったが、IT産業都市構想から15年経ち、今では20以上の開発プロジェクトが進行中。政府から開発を委託された大手デベロッパーEMKAYグループの子会社セティアハリマン社がマスターデベロッパーとして開発を管理している。

　街全体がマレーシア有数の環境に配慮したグリーン都市として設計されている。政府がMSCステータス（下記参照）を最初に導入した都市でもあり、優遇措置の提示や積極的な誘致活動の結果、モトローラ、IBM、およびHP、シェル、HSBC、デルなどのグローバル企業を呼び込むことに成功。多くのグローバルIT企業が本拠地として構えている。アメリカ西海岸さながらの風景が印象的。

※ MSCはMultimedhia Super Corridorの略で、ICT（Information and Communication Technology=情報通信産業）の発展と世界的な拠点を提供することを目的とした優遇制度です。ステータス保有企業は10年間法人税免除となります。

C. ロケーション / アクセス

　行政首都であるプトラジャヤの西に位置し、KLCC まで車で 30 分の距離。KLCC とサイバージャヤをつなぐ新高速道路を建設中。

D. 住民の属性

　人口は 21 万人まで増えると予想されている。3 万人の学生が通える教育施設と 12 万人の従業員が働ける雇用環境を整備し、人口を 21 万人に増やす計画がある。ここ数年で人口が増加しはじめ、デベロッパーが住居や宿泊施設を開発。それに伴い、土地の価格も上昇し始めている。

〜サイバージャヤの街並み〜

⑦-2：プトラジャヤ

> インカムゲイン　★★★★☆
> キャピタルゲイン　★★★☆☆

A. 日本に例えるなら
東京「霞ヶ関」のイメージ。

B. エリアの特徴：
マレーシアの行政都市。かつてKLCCにあった首相官邸等の政府機関や政府省庁をプトラジャヤに移動。政府系国営企業であるペトロナスが100％出資するプトラジャヤ・ホールディングスが、マスターデベロッパーとして都市計画を設計。域内の基幹道路や中央官庁職員の住宅を整備している。「インテリジェント・ガーデンシティ」とも呼ばれ、人工湖や豊かな緑と建築物が見事に調和した美しい街。住宅は、セミデタッチハウス（2軒接合戸建）、バンガロー（庭付き高級戸建）が主流だが、今後、ドバイの高層タワーを彷彿させる近代的なデザイン高層ビルが建設される予定。

C. ロケーション / アクセス
KLCC中心地から約25km。

D. 住民の属性
今後20年以内に人口が現在の約4倍の30万人に達する見通し。

～プトラジャヤの街並み～

⑦セランゴール州南部　まとめ

◆価格と収益性

　大手デベロッパーや地元の弁護士、ブローカーに、「これから地価が上昇するエリア」について聞くと「一番有力なのは、サイバージャヤだ」という答えが多く返ってくるほど、ローカル層には注目されているエリア。日本では、開発重要地としては、ジョホール州のイスカンダル計画などに押され、あまり紹介されていないが、価格・収益性ともに、クアラルンプールのプライムエリアに近い価格まで上昇するのではないかという見方もある。インカムゲインを視野に入れつつ、キャピタルゲインが期待できる。

◆今後の見通し

　サイバージャヤは、環境に配慮した都市、有能な住民が集まる住みやすい街として世界から注目されている。事実、2011年、日本が目指す「環境都市」のロールモデルとして、世界の都市の中からサイバージャヤが選ばれた。

　さらに、2018年にサイバージャヤ内にモノレールが開通し、エリア内の都市化が進む予定。

　大学やグローバル企業の誘致がほぼ完了し、今後はIT産業エリアとしてだけでなく、緑が多く、便利で魅力的な住宅エリアして発展していくと予想される。

第 4 章

ジョホールの
エリア分析

1　ジョホールを知る「6つの指標」の詳細

本章からは、ジョホールの話に移ります。

①人口動態について

　ジョホール州はマレーシア半島の南先端に位置し、シンガポールとの国境にあります。2010年時点で、ジョホール州の人口は約137万人、31万世帯です。年4.1%のペースで増加し、2025年には300万人、75.1万世帯まで増加すると予測されています。州都であるジョホールバル市は国内で4番目に人口が多く、約91万人が暮らしています。

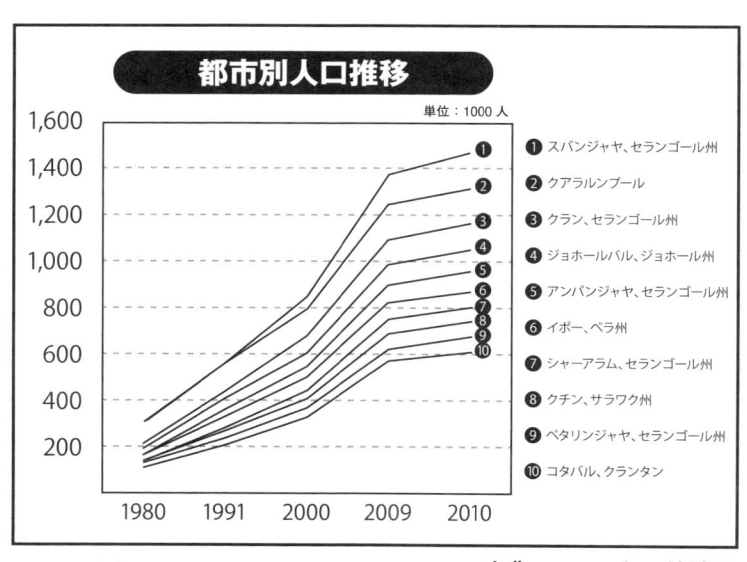

都市別人口推移
単位：1000人

① スバンジャヤ、セランゴール州
② クアラルンプール
③ クラン、セランゴール州
④ ジョホールバル、ジョホール州
⑤ アンパンジャヤ、セランゴール州
⑥ イポー、ペラ州
⑦ シャーアラム、セランゴール州
⑧ クチン、サラワク州
⑨ ペタリンジャヤ、セランゴール州
⑩ コタバル、クランタン

※エリアの定義により、数値が異なる場合があります

出典：マレーシア統計局

②所得水準について

　統計によると、2009年、2012年ともにジョホールバルの世帯あたり平均月収はマレーシア平均を下回っています。世帯あたり月平均収入は2009年時点で約3,835RM、2012年時点で4,658ＲＭです。クアラルンプールに比べると低所得層や、アジアから出稼ぎに来ている外国人労働者が多いのが特徴です。また、最近は改善されているものの、治安が悪いことも否めません。

◆主要な州別の世帯収入（月間）

★クアラルンプール
5,488RM（2009年） ➡ 8,586RM（2012年）　＋14.9％

★セランゴール
5,962RM（2009年） ➡ 7,023RM（2012年）　＋5.5％

★ジョホール
3,835RM（2009年） ➡ 4,658RM（2012年）　＋6.5％

出典：マレーシア統計局の調査「世帯収入・基本支出調査2012」

③政府の開発計画について

対岸のシンガポールの約 3 倍の面積（ジョホール州全体で 19,984 平方キロ（岩手県 = 15,278 平方キロ））があるジョホール州では、香港と深圳の関係のように、シンガポールとの間で相互補完的な経済関係を築くことを目指し、マレーシアの 5 大長期計画のひとつとして「イスカンダル計画」が進められています。

【イスカンダル計画の第 1 フェーズ：道路のインフラ整備】
第 1 フェーズの取り組みとして、主に主要道路の建設が行われました。470 億 RM（1.1 兆円、RM = リンギット）を投資し、2010 年までにほとんどの道路のインフラ整備が完了しています。この計画で整備された主要道路の例として、以下が挙げられます。

> ◎北東部へ向かうテブラウ高速道路（ジョホールバルシティセンターと郊外を結ぶ道路）
> ◎北西部へのスナイ・スクダイ高速道路
> ◎中心部の環状線パシールグダン高速道路

以下の 3 つの高速道路が新たに建設されています。

> ◎ダンガーベイとヌサジャヤをつなぐ湾岸道路
> ◎ CIQ（Customs, Immigration and Quarantine ＝税関・出入国検査・検疫所）と南北道路をつなぐ一般道
> ◎ペレパスとパシールグダンをつなぐ東西道路

【イスカンダル計画の第２フェーズ：都市の活性化】
　第２フェーズ（2010年から2015年まで）の総合開発計画では、都市を活性化させるため、民間企業と一体となって都市開発を行っています。ジョホール州のイスカンダル開発地域（IDR）を5つの拠点（フラグシップ）に区分けし、各エリアでそれぞれ「金融」「新行政地区、大学、医療、国際テーマパーク」「港湾強化」「空港強化」に特化した地区の整備と町づくりを推進しています。海外から企業を誘致し、民間事業を増やしつつ、61万人の雇用人口を142万人まで増やす目標を立てています。

【イスカンダル計画の第３フェーズ：鉄道システムのインフラ整備】
　第３フェーズでは、国内およびシンガポールとのアクセシビリティを改善するため、鉄道システムの整備が計画されています。具体的には、2018年にジョホール・シンガポール間の鉄道を開通させ、さらに2020年にはクアラルンプール・シンガポール間の高速鉄道を開通させる予定です。

①クアラルンプールへのアクセス
　鉄道システムの完成により、クアラルンプールまでバスで5時間かかっていた（※飛行機で40分〜1時間）ものが、2020年の完成後は90分に短縮されます［マレー鉄道主要駅はジョホールバル（Johor Bahru）、ダンガ・シティ・モール（Danga City Mall）、クンパス・バル（Kempas Baru）］。

②シンガポールへのアクセス
　シンガポールとのアクセスも格段に良くなります。現状、コーズウェイと呼ばれる約1キロの幹線道路と第2道路（セカンドリンク）を渡っ

て入国できますが、このコーズウェイは1日約6万台の交通量で渋滞し、大きな社会問題となっています。

2012年時点で2人に一台の割合で車を所有していると言われ、将来的に人口が2倍以上に増加し、車の所有率も1.5人に一台の割合まで上がると予測されています。それに伴い交通量も現状の3倍に膨れ上がることから、渋滞を緩和させるための鉄道整備が欠かせません。

③ジョホール州内のアクセス

ジョホール州では、東西南北をつなぐ鉄道計画があります。さらなる都市機能の強化を図るため、路線の新設や拡張が計画されています。

◆ジョホール鉄道システム

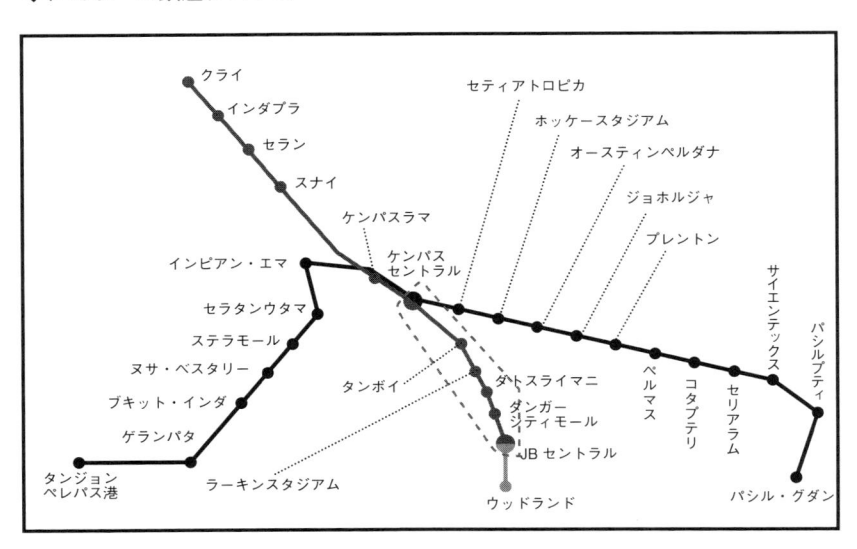

④物件供給数について

　2012年以降、ジョホール州での不動産価格は上昇しています。だからこそ、物件供給数とテナント需要のバランスには注意しなければいけません。国家不動産情報センター（NAPIC）の統計データによると既存の住宅数は68万戸あります。一戸あたり平均約2.1人の計算です。さらに、2012年以降5年間で新規供給される戸数は約25万戸にのぼり、この計画通りに住宅が供給されると、供給過剰になる懸念があります。投資に際しては、今まで以上に、テナント需要があるエリアを厳選する必要があります。

⑤賃料水準と価格水準について

　WTWインターナショナルのマーケットレポートによると、2011年時点、ジョホール州全域のコンドミニアムの平均スクエアイート単価は330RMです。月額賃料単価は、約1.9RM、利回りは、約7.0％と報告されています。シンガポールの不動産価格と比較すると、8分の1程度で購入できるため、シンガポール人にとって、ジョホールの物件は魅力的に映ります。

　また、シンガポール政府の不動産価格抑制策（融資額が制限や、印紙税が増額）が影響し、ジョホール州での取引が急増しています。こうした理由から、ジョホールで開発するデベロッパーは、シンガポール人の需要を見て、価格を設定し、販売計画を立てています。

　しかし、問題点は、現時点では十分な賃料マーケットができていないことです。ジョホール州に住むマレーシア人の所得水準は低く、高級コンドミニアムに住めるローカル層は限られます。竣工後にすぐ賃貸できるか、逆ザヤにならない賃料が確保できるか疑問が残るところ

です。シンガポール人の需要に頼ることになるので、ジョホールエリアだけでなく、シンガポールの各エリアの物件供給数とテナント需要のバランスにも注意しなければいけません。

◆住宅物件タイプ別の平均価格（2011）

ロケーション	テラスハウス	セミデタッチ	コンドミニアム(psf)
クアラルンプール	500,000 RM	1,400,000 RM	1,100 RM
セレンバン	180,000 RM	340,000 RM	NA
ペナン	700,000 RM	1,200,000 RM	450 RM
バターワース	300,000 RM	450,000 RM	230 RM
アロースター	300,000 RM	400,000 RM	NA
イポー	250,000 RM	400,000 RM	300 RM
ジョホールバル	380,000 RM	600,000 RM	330 RM
ブキパハト	240,000 RM	385,000 RM	NA
マラッカ	250,000 RM	400,000 RM	250 RM
クランタン	270,000 RM	460,000 RM	220 RM
トレンガヌ	300,000 RM	350,000 RM	250 RM
コタバル	280,000 RM	350,000 RM	250 RM
コタキナバル	425,000 RM	750,000 RM	490 RM
クチン	400,000 RM	700,000 RM	380 RM

出典：WTWインターナショナル

⑥主な産業と経済規模について

マレーシア第二の経済力を誇る主要都市、ジョホール州では、GDP年間成長率8％を目指しています。2025年までに、2005年の約4.7倍の規模となる1,760億RM（4.4兆円＝岩手県とほぼ同じレベル）に経済規模を拡大させる計画です。それを達成するために、主要産業を製造業中心から、商業（卸、小売）や観光業、金融業といったサービス業中心に変革させる方針を打ち出しています。香港、ソウル、上海、台北、東京、インド大陸へアクセスしやすい地理的な優位性を生かし、アジアのハブとして機能することを目指しています。

2　ジョホール　主要エリアの特徴

　ジョホール州のイスカンダル計画には、フラッグシップAからEまで5つの拠点がありますが、ここでは各主要エリアの特徴をご説明します。わかりやすいように、ポイントを絞って解説していきます。

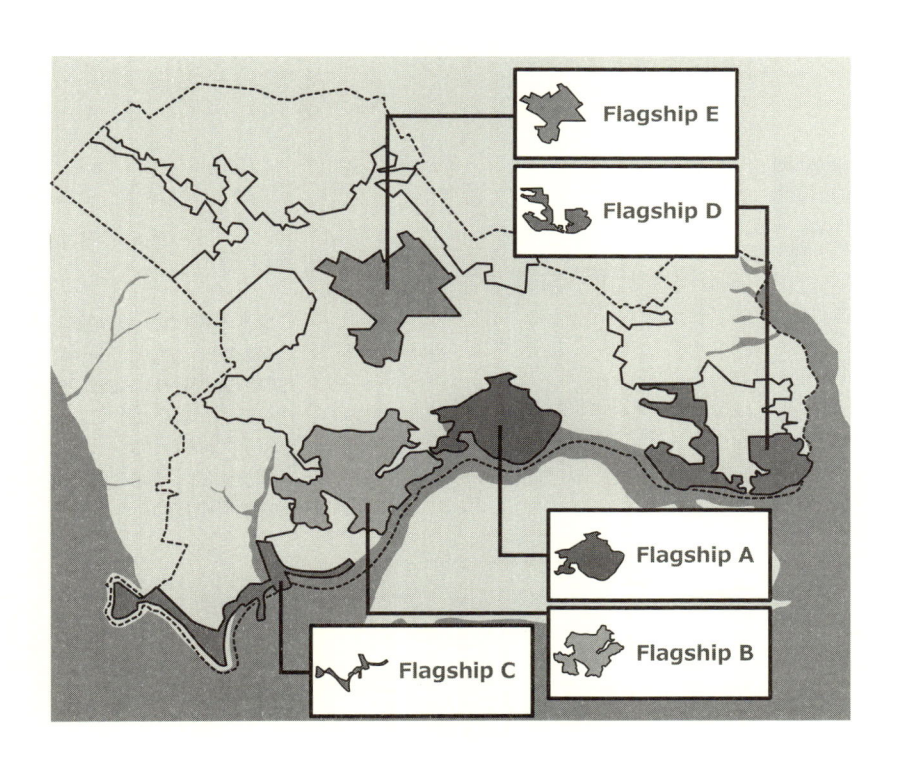

エリア	都市

ジョホール

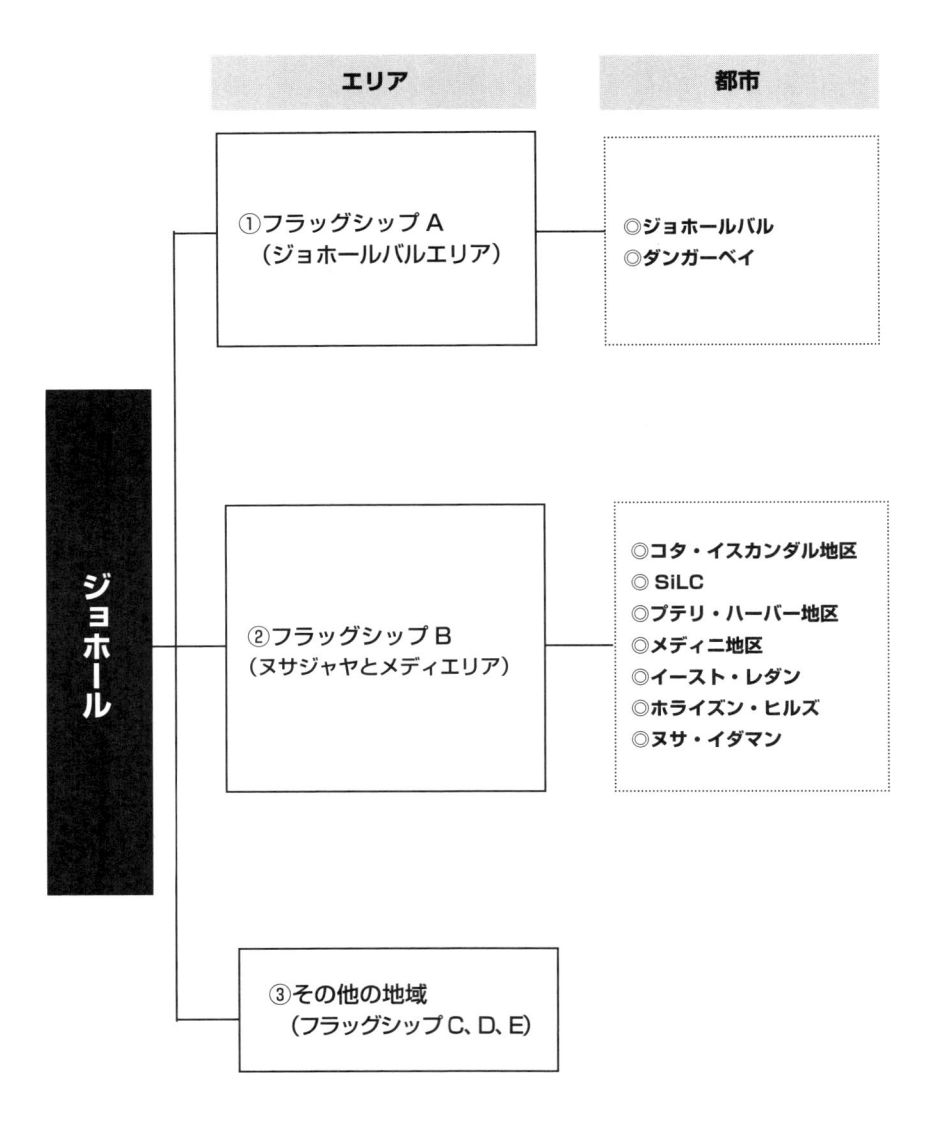

①フラッグシップA
（ジョホールバルエリア）

◎ジョホールバル
◎ダンガーベイ

②フラッグシップB
（ヌサジャヤとメディニエリア）

◎コタ・イスカンダル地区
◎SiLC
◎プテリ・ハーバー地区
◎メディニ地区
◎イースト・レダン
◎ホライズン・ヒルズ
◎ヌサ・イダマン

③その他の地域
（フラッグシップC、D、E）

①フラッグシップ A （ジョホールバルエリア）

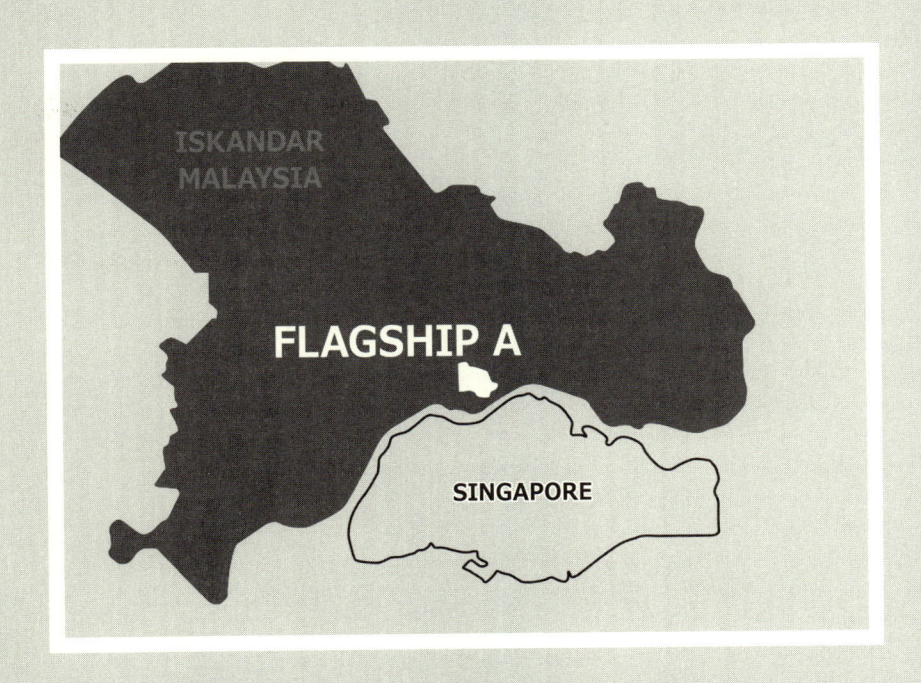

①-1：ジョホールバル

インカムゲイン ★★★☆☆
キャピタルゲイン ★★★★★

A. エリアの特徴

ジョホール州の州都。ジョホール州で最も歴史のある都市。金融、小売業、アート、観光業、ホテル、食品加工、プラスティック加工業が主要産業となっている。シティグループやHSBC、クウェイトファイナンスハウスなどの主要金融機関がジョホールバルに拠点を置いている。

B. 住民の属性

2010年時点、人口は約91万人。国内で4番目に人口が多い主要都市で、増加率はマレーシアでも高いエリアのひとつ。住居購入者の60％がローカル層。そのほかはシンガポール人を含めた外国人。観光客も多く、マレーシアを訪れる外国人観光客の60％がジョホールバルを訪れている。今から10年ほど前まではマレーシア人がコーズウェイを渡ってシンガポールに行く人がほとんどだったが、今では状況が逆転し、シンガポール人がジョホールを訪れるようになっている。

C. ロケーション / アクセス

シンガポールとマレーシアをつなぐ玄関口として、イスカンダルマレーシアの中心に位置する。シンガポールから幹線道路のコーズウェイ道路を渡って車で約30分。

～ジョホールバルの街並み～

①-２：ダンガーベイ

> **インカムゲイン**　★★☆☆☆
> **キャピタルゲイン**　★★★★★

A. エリアの特徴

　ダンガーベイは、1988年設立のイスカンダルウォーターフロント社がマスターデベロッパーとしてジョホールバル市の湾岸エリア4,000エーカーに開発したプロジェクトのひとつ。450エーカー（約5.5万坪、東京ドーム39個分）のエリアにジョホールバルで最初に建設される住居施設と商業施設の複合施設プロジェクトである。ダンガーベイ国際金融センター、ダンガーベイマリーナ、A2アイランド、ダンガーハイツなどの大型プロジェクト開発が進み金融、商業のビジネス地区へと変化している。

B. 住民の属性

　2012年時点で居住者のデータがないが、販売状況を考えると、シンガポール人を含む外国人居住者、高所得者層のマレーシア人が予想される。中国系のデベロッパーが参入しているため、中国人居住者も多いと予想される。

C. ロケーション / アクセス

　ジョホールバルシティセンター（JBCC）から西へ7km、コーズウェイ道路から西へ5km。ジョホールターミナル駅へ車で10分、スナイ（スルタンイスマイル）国際空港へは車で30分でアクセス可能。

〜ダンガーベイの現状と計画図〜

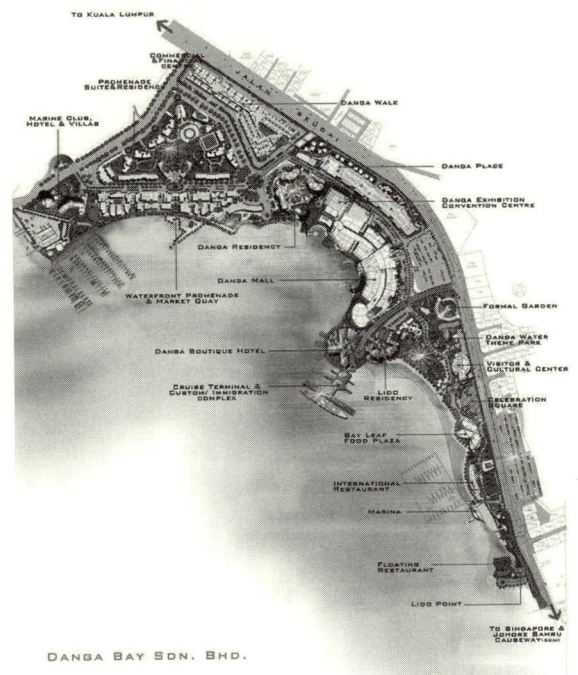

DANGA BAY SDN. BHD.

①フラッグシップA　まとめ

◆価格と収益性

　2010年まで、シンガポールではあまり見向きもされなかったジョホールバルの物件が見直されている。クアラルンプール・シンガポール間の鉄道計画の発表や、シンガポール政府の不動産価格抑制策の影響により、シンガポール人による購入需要が高まっている。特にシンガポールからアクセスが良いジョホールバルやダンガーベイエリアで大手デベロッパーが開発するプロジェクトには予約が殺到している。2012年度は、1年間だけで平均20%近く、物件価格が上昇している。シンガポール人と同じ条件で物件を購入できるルートがあれば、キャピタルゲインを狙うことができる。

　注意すべき点として、昔からジョホールバルシティーエリアは治安が悪いことが挙げられる。そのため、中間所得層以上の華僑系マレーシア人は、周辺の新興住宅エリアに住む傾向がある。

◆今後の見通し

　ゼロから開発するエリアと違い、ジョホールバルには居住者が多く賃貸マーケットの土台ができているので、インカムゲインは少なくとも期待できる。シンガポールからのアクセス、利便性も良いので、ジョホールバルの再開発が進めば、さらに地価が上昇する可能性が高い。

②フラッグシップ B　（ヌサジャヤとメディエリア）

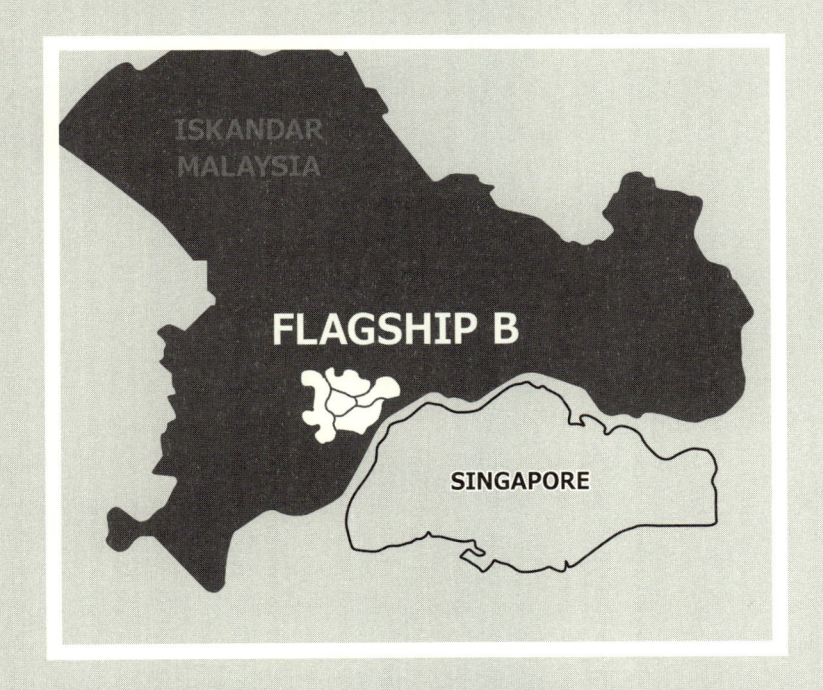

②－1：ヌサジャヤ / コタ・イスカンダル地区

> インカムゲイン　　N/A
> キャピタルゲイン　N/A

A. エリアの特徴

コタ・イスカンダルは、新都心であるヌサジャヤのジョホール州政府の行政機関が集約された地区。かつて、ジョホールバル市にあった州庁（JSNAC）が同地区に移転。開発計画の第1フェーズにて、州の新行政センター（JSNAC）が完成済。第2フェーズでは、JANACを中心に複合施設とモスクを建設する計画。2012年11月時点で19％が完成。第3フェーズでは、連邦政府の事務所を建設し、76の州政府の各部署が入居する予定だが、建設計画は未定。

B. 住民の属性

多くが政府関係者や公務員。新庁舎が2009年4月にオープンした時点で2,200人が勤務。すべてのフェーズが完成すると6,000人の公務員が勤務することになる。

C. ロケーション / アクセス

JBセントラルから31km、車で約30分。プテリハーバー地区の北側に位置。

〜コタ・イスカンダル地区の位置と現状〜

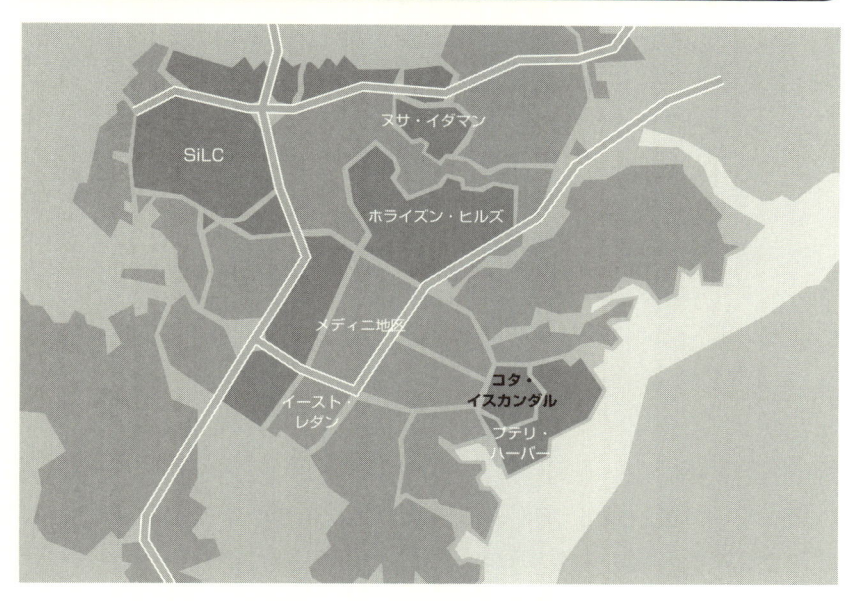

- SiLC
- ヌサ・イダマン
- ホライズン・ヒルズ
- メディニ地区
- イースト・レダン
- コタ・イスカンダル
- プテリ・ハーバー

②-2:南工業物流集積地区 (SiLC)

> インカムゲイン　　★☆☆☆☆
> キャピタルゲイン　★★★☆☆

A. エリアの特徴

　ジョホール州では2つの国際空港と5つの港に囲まれた恵まれた地理的環境を生かし、各所に物流拠点や工業団地が形成されている。

　南工業物流集積地区（SiLC）は、その代表的な工業団地のひとつで、イスカンダル計画の主要プロジェクトに指定されている。マレーシアのデベロッパーである UEM ランド社とイスカンダル・マレーシア社が、ネットワークシステム世界最大手のシスコ社と協力し、「クリーン」「グリーン」「世界基準の工業団地」をテーマに、環境やエコに配慮した産業エリアとして発展させる計画がある。最先端技術、ヘルス＆ニュートリション、物流、バイオテクノロジー産業を強化し、世界的な産業都市を目指している。550 エーカーはローカルおよび外国企業に売却済み。2012 年末時点で 15 工場が完成。8 工場が運転中、17 カ所が建設中。

> 【SiLC に投資する外資系企業】
> ・Biocon Ltd, India：10 億 RM
> ・Glycos Biotechnology Inc, US：46 百万 RM
> ・Metabolic Explorer SA, France：100 百万 RM
> ・Strides Arcolab Ltd, India：80 百万 RM

～SILC の位置と予想図～

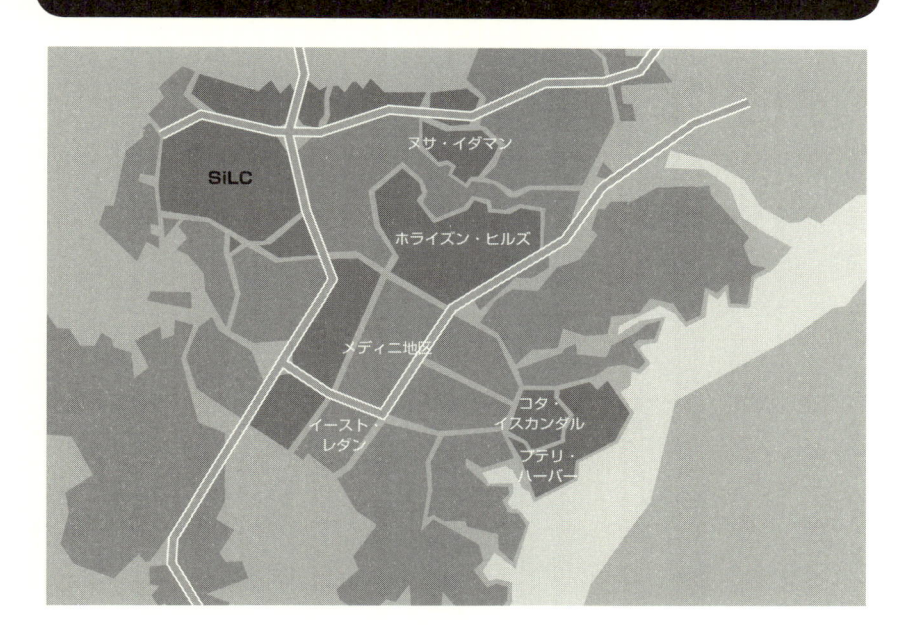

- SiLC
- ヌサ・イダマン
- ホライズン・ヒルズ
- メディニ地区
- イースト・レダン
- コタ・イスカンダル
- プテリ・ハーバー

②-3：ヌサジャヤ / プテリ・ハーバー地区

> インカムゲイン　★★☆☆☆
> キャピタルゲイン　★★★★★

A. エリアの特徴

　プテリ・ハーバーは、688 エーカー（東京ドーム 60 個分）を開発中のウォーターフロント地区。UEM ランドがマスターデベロッパーとして開発を進めている。ヌサジャヤの宝石と呼ばれ、「イスカンダルマレーシア」の最重要地区に位置づけられるエリア。投資家の間では「不動産資産性の面で将来、ヌサジャヤで最も価値が高くなる」と言われている。もともとパームオイルのプランテーションだったエリアを開発し、マリーナベイやクラブハウス、コンドミニアム、リゾートホテル、オフィス、フェリーターミナルを建設している。2012 年にハローキティのテーマパーク、トレイダーズホテル、CIQP（税関）が完成。

B. 住民の属性

　2012 年時点、エリア一帯が開発中で居住者が少なく、データがほとんどないが、販売状況から考えると、シンガポールの将来のベッドタウン的な存在になり、外国人移住者（中国人、日本人、インド人等）、中高所得者層のマレーシア人が居住すると予想される。

C. ロケーション / アクセス

　JB セントラルから約 33km、車で約 35 分。対岸のシンガポールまでは、セカンドリンクを渡って車で 15 分。チャンギ国際空港まで車で 45 分。

～プテリ・ハーバー地区の位置と現状～

②-4：ヌサジャヤ / メディニ地区

> インカムゲイン　　★★☆☆☆
> キャピタルゲイン　★★★★☆

A. エリアの特徴

　ヌサジャヤの中心メディニ地区は、マレーシア最大の単一都市計画地区。金融特別行政区（オフショアセンター）に指定され、外国人投資規制価格条件の適用外、2020年まで固定資産税の免税など優遇措置が適用される。また、同地区に進出する事業（教育、金融、ヘルスケア、物流、観光、クリエーティブ関連企業限定）においては、外資100％を認めるほか、10年間の法人税免除、外国人雇用の規制緩和などサービス投資を促している。

B. 住民の属性

　2012年時点、エリア一体が開発中で居住者が少なく、データがほとんどないが、物件の販売状況から考えると、ヌサジャヤで働くマレーシア人、シンガポール人、外国人移住者（中国人、日本人）が居住すると予想される。2050年までに50万人都市にする計画がある。

C. ロケーション / アクセス

　フラッグシップBの中央から湾外沿いにかけて位置。JBセントラルへは、約30km、車で約30分。シンガポールへは、セカンドリンクを渡って約13Km、車で約15分。

〜メディニ地区の位置と現状〜

- SiLC
- ヌサ・イダマン
- ホライズン・ヒルズ
- メディニ地区
- イースト・レダン
- コタ・イスカンダル
- プテリ・ハーバー

メディニ地区に開発予定のプロジェクト

【リゾート開発プロジェクト】

　海外からの観光客を呼び込むため、政府主導でメディニ北にリゾート地開発を推進している。

　2012年に、ランドマークとなるレゴランドが完成。そのほか、アメリカのシックスフラッグを含め、6つの有名エンターテインメントやアトラクションが誘致される予定。

【教育プロジェクト】

　メディニ地区西側にイスカンダル計画の主要政策のひとつ「エデュシティ」と呼ばれる教育都市を目指すプロジェクトが進行中。

　政府は、国内外から優秀な生徒を集め、ジョホール州全体の教育レベルを上げていく考えで、世界からトップレベルの大学を誘致。ラッフルズ大学、サウザンプトン、南カリフォ

ルニア大学、ニューキャッスル大学、ネザーランド・マリタイム工科大学の欧米系大学5校が開校を予定している。また、大学だけでなく、高等教育も強化している。11歳から18歳までの高等教育を提供するイギリスの有名校マルボロカレッジを誘致した。同校は2012年9月に開校。

【総合医療施設プロジェクト】
　専門医クリニック、医療検診センター、看護学校、リハビリセンター、医薬品保管施設を集約させた総合医療施設（メディカルパーク）を建設中。有名なグレンイーグルズ・メディニ総合病院は、2014年後半に完成予定。

②-5：ヌサジャヤ / イースト・レダン

インカムゲイン ★★☆☆☆
キャピタルゲイン ★★★★☆

A. エリアの特徴

UEMランド社が2008年に開発着工した高級住宅プロジェクト。ヌサジャヤの中心部に位置し、庭園都市をテーマにした31の集合住宅。エリア内には、厳重なセキュリティーシステムが導入され、タウンハウス、ツインヴィラ、バンガローが建ち並ぶ。2010年には、デザイン性の高さを評価され、ブルーンバーグ・アジア・パシフィック賞に輝いている。総開発価値（GDV）は11.7億RM。2012年11月末時点で1,040戸が供給され、91%が販売完了している。

B. 住民の属性

2012年時点、イーストレダンの居住事例が少なく、データがほとんどないが、物件の販売状況から考えると、シンガポール人やヌサジャヤ地区で働く高所得者層のマレーシア人、または外国人駐在員が居住すると予想される。

C. ロケーション / アクセス

JBセントラルから約17km、車で25分。シンガポールへはセカンドリンクを渡って約27km、車で約30分。

～イースト・レダンの位置と現状～

②-6：ヌサジャヤ / ホライズン・ヒルズ

> インカムゲイン　★★☆☆☆
> キャピタルゲイン　★★★★☆

A. エリアの特徴

　UEMランド社とガムーダ社が、2007年にレジャーと住宅開発をテーマに共同開発した複合プロジェクト。1,200エーカー（146万坪、東京ドーム104個分）の敷地に、18ホールのゴルフコースや30kmのサイクリングコースなどのレジャー施設と、13の集合地域から成るバンガロー、ツインヴィラ、リンクハウスなどが建設された。総開発価値(GDV)は、RM13.6億RM。2012年11月末時点で1,959戸が供給され、93％が販売完了している。2009年にCNBC Asia Pacific Residential Property Awards、2012年にValue Creation Excellence Awardを受賞。

B. 住民の属性

　2012年時点、ホライズン・ヒルの居住事例が少なく、データがほとんどないが、物件販売状況から考えると、外国人移住者やシンガポール人富裕層、高所得者層のマレーシア人が居住すると予想される。地元不動産関係者によると、日本人もゴルフ場に関連した土地付き物件を購入しているケースが多く、購買主で、かつ住居主になる可能性が高いことも予測される。

C. ロケーション / アクセス

　JBセントラルから西へ約19km、車で約30分。シンガポールへはセカンドリンクを渡って約25km、車で約30分。

～ホライズン・ヒルズの位置と現状～

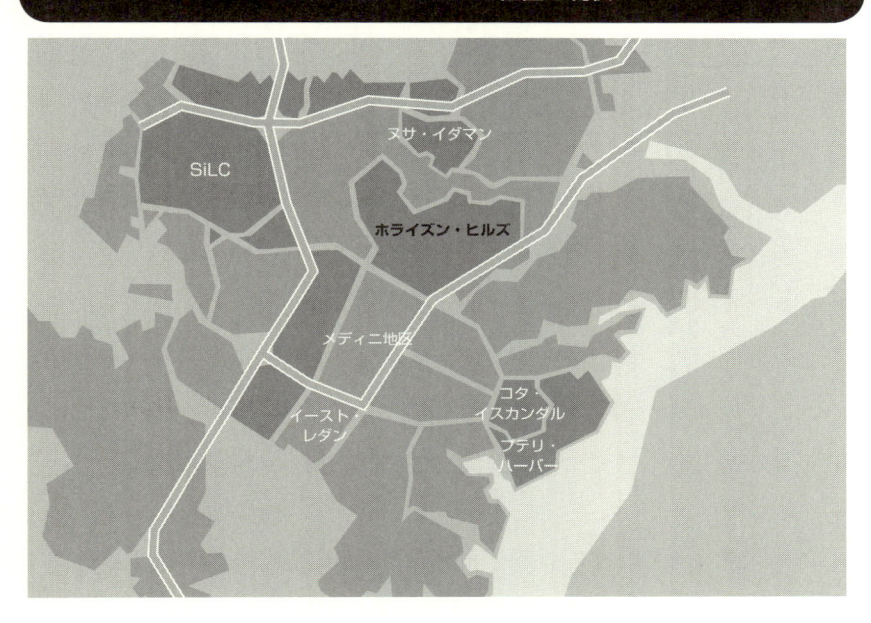

- SiLC
- ヌサ・イダマン
- ホライズン・ヒルズ
- メディニ地区
- イースト・レダン
- コタ・イスカンダル
- プテリ・ハーバー

②-7：ヌサジャヤ / ヌサ・イダマン

> インカムゲイン　　★★☆☆☆
> キャピタルゲイン　★★★★☆

A. エリアの特徴

ヌサジャヤオープンスペースと呼ばれる緑地化計画エリア隣に開発した複合施設プロジェクト。主に中高所得者層向け住宅が開発されている。

総開発価値(GDV)は、789.7百万RM。2012年11月末時点で2,001戸が供給され、73％が販売完了している。

B. 住民の属性

2012年時点、ヌサ・イダマンに居住事例が少なく、データがほとんどないが、販売状況から考えると、州外からの移住者やシンガポール人、ヌサジャヤ地区で働く中間所得層以上のマレーシア人が居住すると予想される。

C. ロケーション / アクセス

JBセントラルから西へ約18km、車で約30分。シンガポールへはセカンドリンクを渡って約30km、車で約30分。

～ヌサ・イダマンの位置とイメージ図～

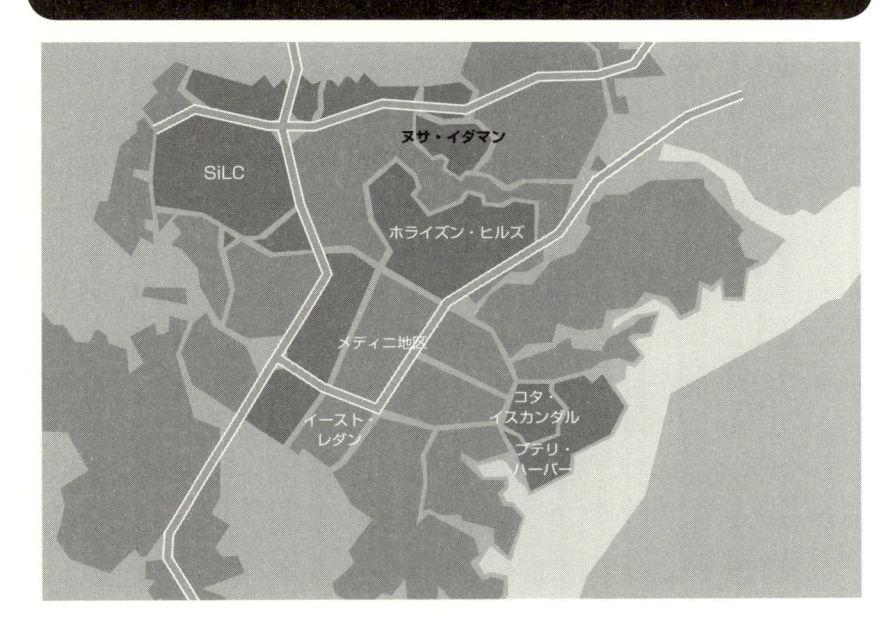

- ヌサ・イダマン
- SiLC
- ホライズン・ヒルズ
- メディニ地区
- イースト・レダン
- コタ・イスカンダル
- プテリ・ハーバー

② フラッグシップB　まとめ

◆価格と収益性

　イスカンダル計画の中で最も早いペースで開発が進んでいるのがヌサジャヤ地区。今まで何もなかった24,000エーカー（97平方キロ）の土地を切り開き、開発を進めている。同地区は、2010年ごろまでは、購入需要が少なく価格が停滞していたが、2011年以降、特定のエリアで急に価格が上昇し始めた。具体的には、ジョーホールバル市中心部、ヌサジャヤ、クライジャヤで新しく売出される物件が価格急騰している。シンガポールの不動産会社によると、「初期に購入した人はすでにキャピタルゲイン利益が出ていて、それを見た投資家が乗り遅れまいと殺到している」と説明している。

　政府の戦略的重要拠点として位置づけられているが、街づくりに着手している段階で居住者も少なく、賃貸マーケットは期待できない。インカムゲイン狙いではなく、地価が上昇するのを待ってキャピタルゲインを狙う戦略が主となる。

◆今後のトレンド

　今後もシンガポール人、外国人移住者の需要が増加し、ウォーターフロントエリアを中心に価格が上昇することが予想される。一方、建設プロジェクトがあまりにも次々と発表されるため、供給過剰を懸念を示す投資家もいる。2012年時点では完成プロジェクトが少ないが、供給過剰になれば、再販売価格と賃貸価格に影響するので、今後の動向には注意が必要。物件固有の特性、セカンドリンクからの距離や利便性、希少性、競合だけでなく、シンガポールおよびアジア経済の動向、金融政策、不動産価格を考慮する必要がある。

③その他のフラッグシップ

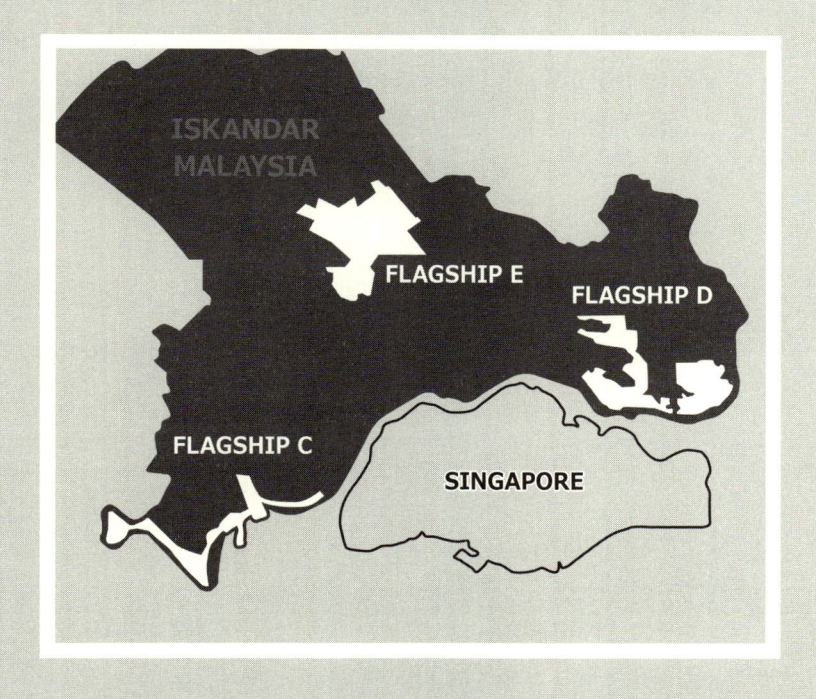

ISKANDAR MALAYSIA

FLAGSHIP E

FLAGSHIP D

FLAGSHIP C

SINGAPORE

③-1：フラッグシップＣ

A. エリアの特徴

港湾施設サービスやハイテク産業、食品加工業、石油化学工業関連企業が集まる工業地帯。タンジュン・ビン・パワーステーションと呼ばれる火力発電所や、物流拠点となるタンジュン・ペレパス港（Port of Tanjung Pelepas、略して PTP）は配送センターや工業用貨物の集積場としても有名。PTP はコンテナターミナル港としてマレーシア最大、取扱高は世界で 17 位。MMC 社が 2,225 エーカーの土地に石油化学工業・海運業向けコンテナ施設タンジュン・ビン・ランドを開発中。

B. 住民の属性

火力発電所や港湾の関連施設に勤務する住民とその家族が大半を占める。4.5 万人の住民のうち、約 60％が PTP の近くで暮らしている。一般のマレーシア人は、中古で 13 万から 15 万 RM クラスの物件に居住。

C. ロケーション / アクセス

ジョホール州の南西側に位置し、セカンドリンクから約 15km、車で 15 分。JB セントラルから西に約 35km、車で 35 分。

③-2：フラッグシップD

A. エリアの特徴

　工業と住宅の複合地区。主要都市パシールグダンには、電気・電力機械、石油化学、重化学系の工場、技術者の研究所、物流配送センターなど300以上の企業が拠点を置く。20世紀初頭、このエリアは農業地域だったが、西地区を開発するために州政府がパサルグダンを工業と住宅エリアとして指定し、大型工業団地を形成。今では、パサルグダン工業団地が、ジョホール州最大規模となっている。また、ジョホールで3番目に大きい港であるタンジュンラングサット港は、LPGや化学製品を積むカーゴの集積場として利用される工業港として重要な役割を果たしている。パナソニックが拠点を置き、日本人も多く居住している。外国人が通う学校が多くあり、文教地区としても知られている。

B. 住民の属性

　研究所や工場で働く3万人超の労働者が主な住民。その家族も含め、約10万人が暮らしている。

C. ロケーション / アクセス

　ジョホール州の東側に位置し、JBセントラルから東に約27 km、車で約30分。

③-3：フラッグシップ E

A. エリアの特徴
　ジョホール州のスナイ空港を中心にした開発エリア。2025年までに、シンガポールのチャンギ空港に次ぐ「アジアナンバー2の空港」を目指している。エリア内には、公立大学で有名なマレーシア技術大学（UTM）、華僑系スクールや、ホールアウトレットモールがある。また、技術系起業家を誘致し育成するために、2008年に着工したIT都市プロジェクト（バンダーMSCサイバーポート）が進行している。

B. 住民の属性：
　工場で働く外国人労働者、商業を営む華僑系マレーシア人が多い。

C. ロケーション／アクセス：
　ジョホールバル市の北側に位置。JBセントラルから約32km、車で約30分。

第5章

エリア別の投資戦略

1　今から狙う投資戦略「グレーター・クアラルンプール編」

1　希少性が高いプレビルド物件を狙う

　マレーシア不動産の特徴として、先行販売開始後、建設工事の進捗に伴い、徐々に販売価格が上昇する傾向があります。初期の先行販売時点から竣工までに20〜30％程度上昇することも珍しくありません。この「竣工プレミアム」を狙うのが最もポピュラーな投資手法です。

　年数が経過するごとに物件価格が上昇するマレーシアでは、ほとんどの物件において、新築より中古のほうが高く売られています。物件供給数が少ないころは、どんな物件でも早く情報を仕入れて物件を確保した投資家が儲かる仕組みになっていました。

　しかし、物件供給数が増えてからは、プレビルドだから何でもいいというわけでなく、ロケーション、購入価格が重要です。プライムエリアで、価格が安いプレビルド物件は希少です。こういった物件は価格が上昇しやすいので、見つけたらスピード重視で投資すべきでしょう。

プレビルド物件

	販売開始	工事期間	竣工
売買価格			利益
募集価格	物件／手付金	ローン／手付金	物件価値／ローン／手付金

2 実需層のバイヤーが多いエリアの物件を狙う

　2010年を過ぎたあたりから、エリアによって価格の伸びに違いが出始めています。なぜ不動産価格が上昇しつづけるエリアと、停滞するエリアに分かれたのでしょうか？　答えは、投機と実需による上昇の違いです。

　投機資金によって上昇していたエリアは、マーケット価格や賃貸需要に関係なく、地価が上がると見込む投資資金が流入しています。しかし、賃料が上昇しないままだと、資金が流入することで価格が上がり利回りが低下します。利回りが低下した途端、逆ザヤになることを恐れ、投資家の数も減ってしまいます。そうなると、不動産の流動性が低くなり、

◆ KL中心地からの距離別エリア

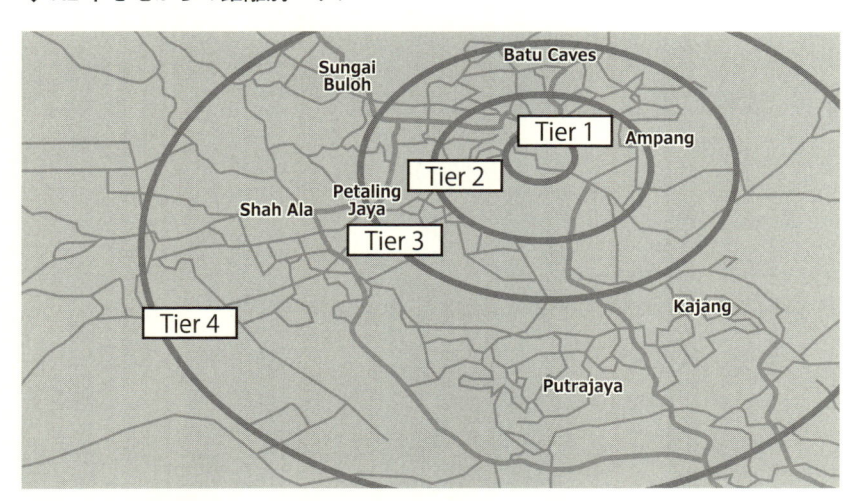

TIER1：KLCC、アンパンのなどのプライムエリア
TIER2：バンサー、モントキアラなどの高級住宅エリア
TIER3：ペタリンジャヤエリア
TIER4：サイバージャヤエリア

出典：マレーシア・プロパティ・インク

投資家の回収リスクが増大します。そのリスクを許容できなくなった投資家が売却を急ぎ、あまり価格が伸びなくても売ってしまいたいと思うようになり、価格が停滞することになるのです。

　一方、実需によって支えられているエリアは、2010年以降も上昇しています。具体的には、ペタリンジャヤ、スバンジャヤ、大型ショッピングモールが近いワンウタマなどの都市です。これらの都市には、グレーター・クアラルンプール郊外の田舎からKL（クアラルンプール）近郊へ移り住んでいる人が急速に増えています。ということは、それだけ需要があるということです。国全体の平均が27歳と若い世代が多いマレーシアでは、若い夫婦が多く、新規購入の実需が伸びています。特に若い世代は、大きなショッピングモールの近くや、低層階が商業施設になっている複合施設に移り住む傾向が高いです。こうしたエリアは、今後も不動産価格が上昇すると見込まれます。

3　政府が投資する開発エリアを狙う

　政府が重点的に開発するエリアを知っているか知らないかで、リターンに大きな差が出ます。今後、投資するに当たって注目すべきエリアは、政府が巨額投資をして開発するエリアです。KL中心部なら特に力を入れているのが「クアラルンプール国際金融特区（Kuala Lumpur International Financial District = KLIFD）」の開発です。KLIFDとは、ブキッビンタンの南側に位置するインビ地区の34ヘクタールの土地にオフィスタワー、レジデンス、商業施設等を開発し、イスラム金融の域内ハブとして世界レベルの金融機関・企業を誘致するプロジェクトです。イスラム金融の域内ハブとしての役割が期待されています。

　開発を行うのは、政府系ファンドであるワン・マレーシア・デベロップメント（1MDB）とムバダラ・ディベロップメント・カンパニー（アブダビ政府100％出資の投資会社）。開発費用は260億RM（約6,760

億円）、第1期開発計画は2016年に完了する見通しです。このエリア一帯の開発が完了し、都市が活性化すれば、その周辺地域はさらに地価が上がるでしょう。

4 これから住居が建設される新興都市エリアを狙う

　政府が開発に力を入れているのは中心部だけではありません。政府はグレーター・クアラルンプール計画で、商業地を都市部の一カ所に集中させるのではなく、広範囲で開発を進める計画を推進しています。IT都市を目指すサイバージャヤ、工業団地のプラウ・インダー・インダストリアルパーク、セランゴールサイエンスパーク2、ポートクランフリーゾーン、ポートクラン、シャアラムといった新興エリアは、2011年以降、不動産価格が上がっています。この理由は、オフィスや工場が建設された後、急速に人口が増え始め、住環境が整備されたためです。これら郊外地の新興エリアで、価格の上昇率が高い物件を狙うのもひとつの手です。

5 高速道路へアクセスしやすいロケーションを狙う

　クアラルンプールでは郊外と中心部を結ぶ幹線道路が整備され、郊外に住宅を購入しても通勤がそれほど不便ではありません。しかし、問題は渋滞です。クアラルンプール州の道路の交通状況は深刻な問題を抱えており、住民は日々、渋滞に悩まされています。セランゴール州でも、ローカル層の間で人気エリアとしてブームになって以来、通勤ラッシュにより各所で渋滞が発生しています。特にイスラム教のお祝い事の季節には、タイ方面やシンガポール方面へ向かう人が増え、高速道路が混雑します。そのため、現地住民は交通利便性をとても気にします。住宅地から中心部へ、あるいは高速道路へのアクセスのしやすさが物件購入を検討するときのひとつの大きなポイントになります。

6　MRT 駅建設予定の半径 500 メートル以内を狙う

　全長150kmにわたるMRT拡張開発計画は、開発コスト430億RM（リンギット）を予算に組み入れ、2011年に着工しました。MRT計画の骨子は、20km四方にわたりKL中心部から放射状に主要3路線を開発する計画で、2020年第1四半期に完成する予定です。この計画の目的は、クアラルンプールの成長戦略で欠かせないセランゴール州へのアクセスを便利にすることと、渋滞を解消することです。人口が増加する新興国の都市では、都市機能の役割を果たす鉄道システムは欠かせません。今はマレーシアは車社会ですが、将来的な利便性を考慮して、駅の近くや新路線予定地の周辺の不動産価格の上昇が見込まれます。　現在、2017年～2020年完成を目標に、鉄道システムの工事が急ピッチで進んでいます。特に、東京の山手線に当たるサークルラインMRT建設予定地周辺の地価が上昇する傾向があります。具体的には、センツル、KLCC、KLIFD、ミッドバレー、ダマンサラが狙い目です。MRTの新路線拡張を見込み、関係者の間ではこれらのエリアの駅から半径500メートル以内が最も上昇すると予想されています。

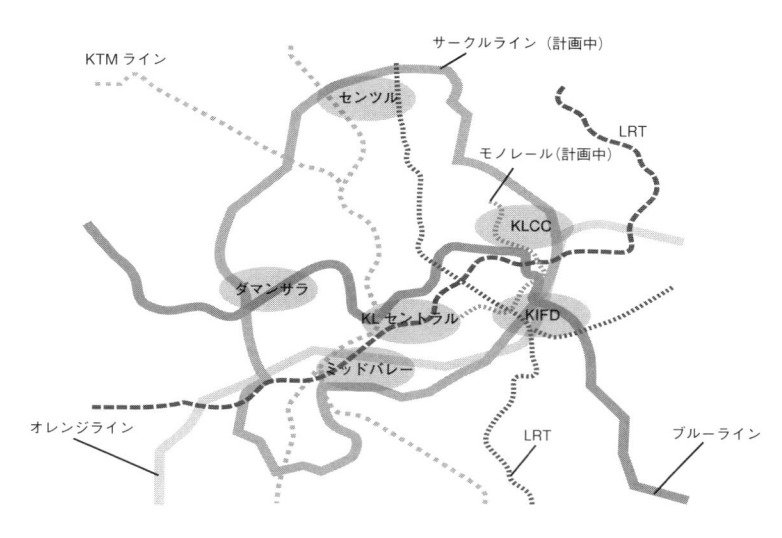

7 物件供給数が多いエリアを避ける

　新築コンドミニアムのエリア別供給グラフによると最も多いのがモントキアラ（MK）です。KLCCを抜いてダントツに多く、約半数を占めています。続いてKLCCが22%、さらにダマンサラハイツ（DH）11%、バンサー（BGSR）7%という内訳になっています。、

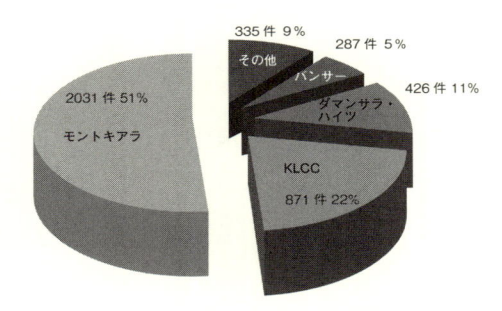

（円グラフ）
- モントキアラ 2031件 51%
- KLCC 871件 22%
- ダマンサラ・ハイツ 426件 11%
- バンサー 287件 5%
- その他 335件 9%

出典:WTWインターナショナル

　2007年ごろまでは高級コンドミニアムの供給量がまだ限られていたので、外国人駐在員テナントをターゲットに需要と供給のバランス

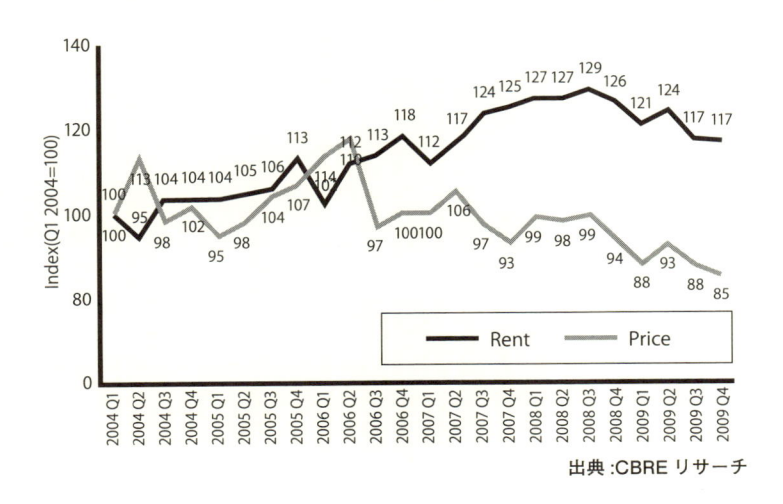

（折れ線グラフ：Index(Q1 2004=100)、Rent と Price、2004 Q1〜2009 Q4）

Rent: 100, 95, 104, 104, 104, 105, 106, 113, 112, 113, 118, 117, 124, 125, 127, 127, 129, 126, 121, 124, 117, 117

Price: 100, 113, 98, 102, 98, 104, 107, 114, 110, 107, 97, 100, 100, 106, 97, 93, 99, 98, 99, 94, 88, 93, 88, 85

出典:CBREリサーチ

がとれていました。しかし、今では、投機目的の高級コンドミニアムの供給が増えすぎたため、競合の末に値下げ合戦を行い、需給バランスが崩れ、賃料指数が下落しています。賃料と価格指数を示す図表によると2004年Q1を100として、2009年Q4の時点では指数が85まで落ちています。物件を選ぶときは、エリア内の物件供給数とテナント需要のバランスに注意しなければいけません。

8　120平米前後の1LDK～2LDKを狙う

　KLエリアでコンドミニアムに投資するなら、利回りが最も高いのは、120平米前後の物件です。それ以上でも、それ以下でも利回りが下がります。

クアラルンプール（バンガロー）	コスト（USドル）		利回り	単価（USドル）	
	価格	月額賃料		価格	月額賃料
350 sq.m.	1,071,700	4,036	4.52%	3,062	11.53
450 sq.m.	1,339,200	4,874	4.37%	2,976	10.83
600 sq.m.	1,698,600	6,516	4.60%	2,831	10.86
1050 sq.m.	2,977,800	8,957	3.61%	2,836	8.53
クアラルンプール（コンドミニアム）					
75 sq.m.	144,225	810	6.74%	1,923	10.80
120 sq.m.	185,520	1,072	6.93%	1,546	8.93
170 sq.m.	337,450	1,651	5.87%	1,985	9.71
250 sq.m.	638,500	2,693	5.06%	2,554	10.77
400 sq.m.	1,150,400	4,504	4.70%	2,876	11.26

出典：グローバル・プロパティガイド

マレーシア人の家族構成が変化しています。下の図表の通り、1990年代は平均で5人暮らしだった世帯が、2010年には4人暮らしに減っていることがわかります。2人暮らしの割合が増えることで、3LDKや4LDKといった広い間取りの需要が減っています。大きな間取りのマンションは、ターゲットが狭まるため賃貸が難しくなります。

◆平均世帯当たり人数

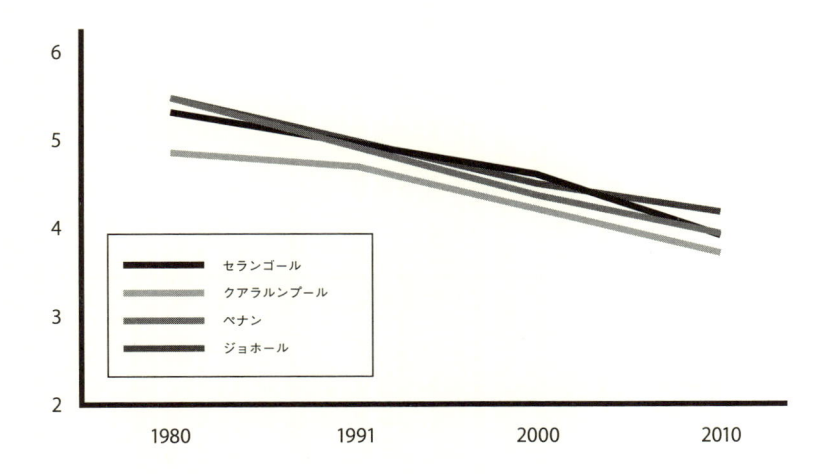

凡例：セランゴール、クアラルンプール、ペナン、ジョホール

出典：野村リサーチ CEIC

9 土地付き戸建て物件を狙う

マレーシアで最も人気があるのは、実はコンドミニアムではありません。マレーシア人はもともと戸建て志向が強いため、一番人気があるのは土地付きの平屋（1階建てリンクハウス）です。続いて、2、3階建てセミデタッチハウスの順となっています。

◆物件タイプ別販売状況

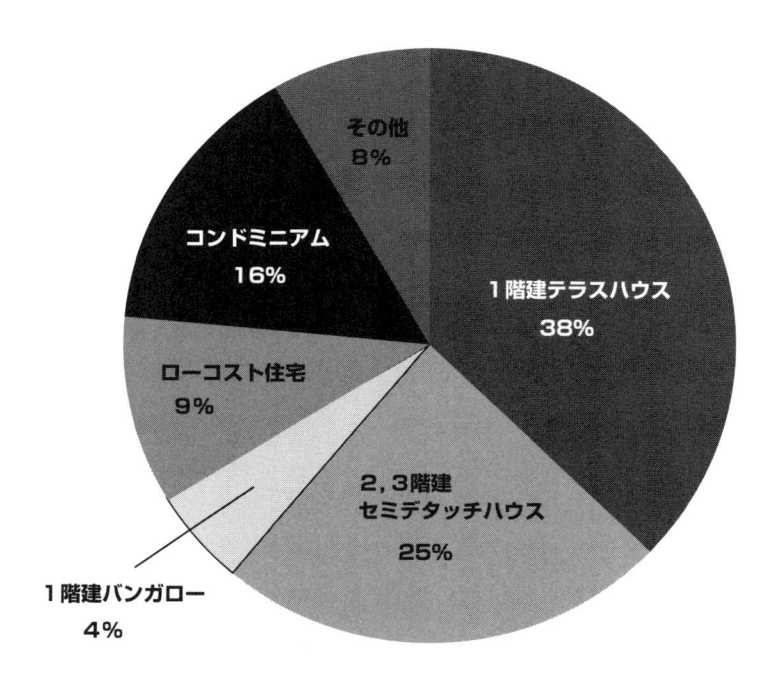

- 1階建テラスハウス 38%
- 2,3階建セミデタッチハウス 25%
- コンドミニアム 16%
- ローコスト住宅 9%
- その他 8%
- 1階建バンガロー 4%

出典:Valuation and Property Service Department

10 売れ残りのコンドミニアムを避ける

　KLの一部エリアでコンドミニアム投資が過熱していること、供給過剰エリアは要注意だということを紹介しました。供給過剰地域を避けることもさることながら、コンドミニアムを購入するうえで、もうひとつ注意すべき点があります。それは、階層とビューです。

　プレビルドの場合、コンドミニアムを購入する投資家は、竣工プレミアムを狙って竣工時に一斉に売りに出します。そのとき、同じビルの区分所有者同士が競合します。立地や設備などの条件はどの区分所有者も同じです。そこで差別化できるのは、部屋からの視界（ビュー）です。ビューの良さで価格条件が違ってきます。ビューが悪いと賃貸が付かず、その結果、売却価格に影響してきます。特に総戸数が多いコンドミニアムの売れ残り、在庫処分のような中途半端なコンドミニアムには投資すべきではありません。リスクの高い物件には投資しないように気をつけましょう。

コラム：距離別の投資戦略

クアラルンプールでの投資戦略を考えるときに、「(KLから) 距離」というキーワードに着目してみるのもひとつの手です。167ページの地図を見ていただくとわかるように、KL中心地からの距離によって「Tier 1」「Tier 2」「Tier 3」「Tier 4」に分かれます。距離によって「どういう戦略が良いのか」について、簡単に紹介します。

① Tier 1の物件を狙うなら……

166ページの「希少性が高いプレビルド物件 (を狙う)」や、168ページの「政府が投資するエリア」が考えられます。

① Tier 2の物件を狙うなら……

170ページの「MRT駅建設予定の半径500メートル以内 (を狙う)」や、171ページの「物件供給数が少ないエリア (を狙う) ＝物件供給数が多いエリアを避ける」が考えられます。

① Tier 3の物件を狙うなら……

167ページの「実需のバイヤーが多いエリアの物件 (を狙う)」が考えられます。

① Tier 4の物件を狙うなら……

169ページの「これから住居が建設される新興都市 (を狙う)」が考えられます。

2 今から狙う投資戦略「ジョホール州（イスカンダル地区）編」

1 キャピタルゲイン目的で土地付き物件を狙う

　人気のあるジョホールですが、クアラルンプールとは投資戦略が異なります。ジョホール州は、人口増加率、州の経済規模、GDP成長率を考えると、将来的に魅力のある投資エリアに成長する可能性があります。

　しかし、クアラルンプールやセランゴール、ペナンとは違い、すぐにインカムゲインは期待できません。ジョホール州は全体的に所得水準が低く、高利回りでインカムを得られるようなテナントが少ないためです。ジョホールで投資するなら、戦略は長期保有のキャピタルゲイン狙いです。早い段階で土地付き物件に投資することでキャピタルゲインを狙えます。

2 キャピタルゲイン目的でシンガポールから近いウォーターフロント地区を狙う

　ジョホールへの投資は、「スピード」「ロケーション」と「希少性」が決め手になります。ジョホールバル、ダンガーベイ、プテリハーバーなどシンガポールから近いウォーターフロント地区の物件には、数に限りがあります。他の物件より価格は高いですが、希少価値があり、賃料やリセール価格で高く設定できる可能性があります。実際、シンガポール人向けに行われる販売会では、湾岸エリアの物件が発表後すぐに完売しています。

　ただし、街が完成し、賃貸マーケットができるまでのリスクを覚悟しなければいけません。現地で長年経験がある投資家に意見を聞くと、

ジョホールの価格単価は高すぎるといっています。同じ価格ならインフラが完成し、周辺環境が整っていて安定運用できるクアラルンプールの物件のほうがよいという意見が多いです。

第6章

マレーシアでの資金調達と融資について

1　一般的なローンの概要について

　マレーシアの銀行は大きく「普通銀行（Consumer bank）」と「商業銀行（Commercial bank）」に分けられます。
　住宅ローンを貸し出しするには免許が必要で、一部の商業銀行でも扱っていますが、一般的には、普通銀行が住宅ローンを融資しています。

1）住宅ローンの金利

　住宅ローンの金利は、中央銀行が設定する基準金利（Bank Lending Rate）に基づいて決められます。各銀行は、その基準金利から割引金利を差し引いて貸出金利を設定します。それが一般消費者が借りる金利になります。
　銀行によってレートは異なりますが、以下に一般的なローン金利をご紹介しておきます。

金　額	基準金利	割引金利	貸出金利
20万RM 未満	6.6% （2012年6月時点）	－1.7%	4.9%
20万RM 以上		－2.0%	4.6%
35万RM 未満		－2.2%	4.4%
50万RM 未満		－2.4%	4.2%

出典：CIMB

2）期間

借入人が65歳になるまでの年数。最長30年。

3）銀行審査

　下記に記載した項目は一例ですが、銀行は、これらの項目をもとに総合的に審査します。

　日本人は、ほかの国に比べて信用力が高く評価されています。カードや借入金の支払い実績に問題がなく、一定の収入さえ確認できれば誰でも簡単に融資を受けられます。

◎借入人の収入
◎今までの支払い実績
◎現状の借入残高
◎現金預金残高
◎物件の鑑定評価
◎借入人の属性

　なお、日本の銀行とマレーシアの銀行の与信審査は異なるため、日本で借入残高が多い方でも、マレーシア現地の銀行であれば借りられる可能性が高いです。融資金額は、銀行が設定する収入の返済負担率が一定以下であれば審査は通ります（返済負担率とは、賃料収入と給与収入等の合計収入額に対する金利と元本の合計支払額）。

　例えば、銀行が収入に対する返済負担率を70％に設定している場合、賃料10万円、給与収入30万円、合計収入が40万円であれば、銀行への月々の支払返済額28万円（40万円の70％）の借入まで可能です。

4）銀行ローン審査に必要な書類

　審査にあたって、以下の書類が必要となります。会社員と自営業者で、用意する書類が異なります。

【会社員】
①３カ月分の給与明細
②３カ月分の銀行通帳のコピー
③源泉徴収票
④従業員証明書
⑤パスポートコピー
⑥その他有価証券、定期預金など流動性が高い資産の証明書があれば審査に有利になります

【自営業】
①６カ月分の給与明細
②６カ月分の銀行通帳のコピー
③確定申告書
④事業登記簿謄本
⑤パスポートコピー
⑥その他有価証券、定期預金など流動性が高い資産の証明書があれば審査に有利になります

5) 口座開設

　原則、マレーシアに銀行口座を持つにはビザ取得が求められますが、例外として住宅ローンを組む場合は、ビザなしでも口座を開くことができます。ただし、口座開設時にマレーシアまで来ることが条件です。

HSBC
HSBC Bank Malaysia Berhad (Company No. 127776-V)

HSBC AMANAH
HSBC Amanah Malaysia Berhad (Company No.807705-X)

ACCOUNT OPENING TRANSACTIONS PROFILE

1. Purpose of Account Opening :
   - ☐ Education Funds
   - ☐ Family Expenses
   - ☐ Financing Repayment
   - ☐ Payroll
   - ☐ Savings
   - ☐ EPF Withdrawal
   - ☐ Investment
   - ☐ Pension
   - ☐ Others (please specify) _____

2. Initial & Ongoing Source of Funds :
   - ☐ Scholarship
   - ☐ Prize Money
   - ☐ Inheritance
   - ☐ Investment Matured
   - ☐ Sale of an Asset (e.g. car)
   - ☐ Earnings from Employment
   - ☐ Spouse
   - ☐ Earnings from Business Interest
   - ☐ Gift
   - ☐ Pension
   - ☐ Savings / Investments
   - ☐ Own Savings
   - ☐ Salary
   - ☐ Rental Income
   - ☐ Children
   - ☐ Parents
   - ☐ Insurance / SOCSO
   - ☐ Sales of Assets
   - ☐ Account Transfer (Own Account)
   - ☐ Others (please specify) _____

3. Source of Wealth / Income :
   - ☐ Earnings from employment
   - ☐ Earnings from business interest
   - ☐ Inheritance
   - ☐ Personal savings
   - ☐ Parents
   - ☐ Return on investment / investment matured
   - ☐ Others (please specify) _____
   - ☐ Sales of an Asset (e.g. property / car)
   - ☐ Winnings from lottery / prize money
   - ☐ Rental Income
   - ☐ Spouse

4. Nature of Activity :
   - ☐ General Banking Services
   - ☐ Credit Services
   - ☐ Cash / Cheque Deposits
   - ☐ Others (please specify) _____
   - ☐ Investment and Insurance Services
   - ☐ Remittance Services (only if applicable)

Account Number: ☐☐☐☐ - ☐☐☐☐☐☐☐ - ☐☐☐

Signature of Applicant:

Name of Applicant: _____
Date : _____

For Bank Use | Executive to sign
☐ HSBC Premier / -i
☐ CRRT
Signature & Name Chop

MYH RBWM AUG 2012

INTERNAL

6）保険について

　住宅ローンの申請にあたって、銀行から以下の保険に加入することを求められます。

◎生命障害保険（MRTA ：Mortgage Reducing Term Assurance）

　この保険は、借入人本人が「①死亡」「②重度障害TPD（Total Permanent Disable）」になった場合、本人に代わって保険会社が住宅ローンの残高を支払う保険です。保険契約を締結するには、本人がマレーシアに来てサインをしなければいけません

◎火災保険

　この保険は、火災等で建物が損壊、または損傷した際に補償される保険です。

　融資を受けて物件を購入する場合、銀行側から火災保険に強制的に加入させられます。

　ただし、コンドミニアムを購入する場合は、管理組合が火災保険の団体加入しているケースが多く、そのときは個人で保険に加入する必要はなくなります。二重で保険金の申請はできないためです。

　銀行から火災保険の加入を要請された場合は、まず、管理組合が火災保険に団体加入しているかどうかを確認します。

　団体加入していれば、個人での加入を免除してもらえます。

2　融資申し込みから決済までの流れ

主な流れは以下のとおりです。

①住宅ローンの事前審査
　マレーシアの銀行では、個人の与信を事前に審査してもらえます。複数の金融機関に同時に申請することも可能です。

②申し込み
　銀行の融資申込書（ローン申込書）に必要事項を記入し、銀行担当者にメールで送ります。

③審査
　提出された書類をもとに銀行が審査を行います。3～5営業日で審査結果が分かります。

④銀行から融資条件（Letter of Offer）の提示
　銀行が2営業日程度で「Letter of Offer」と呼ばれる融資条件を提示します。マレーシアから日本へ郵便で送られてきますので、サインをしてからマレーシアへ返送します。

⑤弁護士への契約書作成依頼
　銀行から提示された融資条件に同意し、融資を受けることを決めたら、銀行担当者にその旨を連絡します。
　連絡を受けた銀行は、弁護士にローン契約書作成指図書（Letter of Instruction of Lawyer）を送り、ローン契約書の作成を依頼します。通常、買主には弁護士を選ぶ権利がありますが、銀行によっては指定

ローン申込書の見本

LOAN APPLICATION FORM
UOB 大華銀行

1. LOAN REQUESTED DETAILS

Please tick (✓) where applicable :
☐ Individual Application ☐ Joint Application My/Our Preferred Servicing UOB Branch : _____
Amount of Loan (excluding MRTA and Legal Fees) : RM _____ Repayment Period : _____ year(s) Legal Fees Amount : RM _____
☐ MRTA ☐ MLTA ☐ My Prestige Premium To Be Paid By : ☐ Own Cash ☐ Finance
To Be Taken Up By : ☐ Applicant ☐ Co-applicant Premium Amount : RM _____
☐ FOR NEW PURCHASE Purchase Price (property) : RM _____ Developer/Vendor : _____
  Purchase Price (car park - applicable for separate SPA for car park) : RM _____
☐ FOR REFINANCING Current Market Value : RM _____ ☐ Existing Financier : _____
  Loan Outstanding : RM _____
☐ FOR OTHERS (please specify) : _____
TYPE OF PROPERTY : ☐ Landed, Type : _____ ☐ Condo/Apartment With Facilities
  ☐ Condo/Apartment Without Facilities ☐ Others (please specify) : _____
Encumbrance : ☐ Yes ☐ No ☐ Chargee Bank: _____
STAGE OF CONSTRUCTION : ☐ Completed ☐ Under Construction % Completed : Expected completion date (if necessary) : _____
TITLE : ☐ Strata ☐ Master ☐ Individual ☐ Freehold ☐ Leasehold/Expiry Date : _____
PROPERTY USE : ☐ Own Occupation ☐ Investment ☐ Others (please specify) : _____
Name of Registered Owner(s) : _____
Purchase Date : Land Area (for landed property only) : Built-up Area : _____
Title No./Lot No. : _____
Address of Property : _____

2. PRINCIPAL APPLICANT'S DETAILS

Title : ☐ Tan Sri ☐ Puan Sri ☐ Dato' ☐ Datin ☐ Dr ☐ Mr ☐ Madam ☐ Ms ☐ Others (please specify) : _____
Full Name (as per IC or Passport)
New IC No. - -   Old IC No.
Passport No. (for non-Malaysian) : Nationality ☐ Malaysian ☐ Others :
Date of Birth (dd/mm/yy) - -   Age Sex ☐ Male ☐ Female
Race ☐ Malay ☐ Chinese ☐ Indian ☐ Others (please specify) E-Mail Address :
For Non-Malaysian ☐ Resident ☐ Permanent Resident ☐ Non Resident ☐ Malaysia My Second Home
Residential Address Correspondence Address (If different from Residential Address)
☐ Owned ☐ Mortgaged ☐ Rented ☐ Parent's/Relative's ☐ Others

City and State : Postcode City and State : Postcode
No. of years there ☐ 5 years ☐ 10 years ☐ Others _____ year(s)
House Telephone No. -   Mobile Phone No. -
Marital Status ☐ Single ☐ Married ☐ Others (please specify) : No. of Dependents :
Highest Educational Qualification ☐ Primary ☐ Secondary ☐ Diploma* ☐ Degree* ☐ Post-Graduate* *(please specify)
Emergency contact person :
Name : _____ Relationship : _____ Mobile Phone No. : _____
Address : _____ Postcode : _____ House Tel. No. : _____

3. PRINCIPAL APPLICANT'S EMPLOYMENT DETAILS

Name of Company : _____
Relationship with company : ☐ As Employee ☐ As Shareholder/Owner ☐ As Director ☐ Others (please specify) : _____
No. of employees in the company : ☐ Less than 15 ☐ 15-50 ☐ 51-100 ☐ More than 100
Office Address : Tel. No. -
  Fax No. -
  Nature of Business :
  Profession :
City and State : Position Held :
Postcode Length of Service :

186

Letter of Offer の見本

ANNEXURE TO THE LETTER OF OFFER

1. **PREPARATION EXECUTION OF LOAN DOCUMENTS**

    1.1 Irrespective of the provisions on the Availability Period contained in this Facility Letter:-

    (i) all relevant documents to enable our solicitors to prepare the loan documentation must be forwarded by you to the Bank or the Bank's our solicitors upon request; and

    (ii) the loan documents relating to the Facilities must be executed within seven (7) days from the date the Bank or the Bank's solicitors notify you that the documents are ready for execution (or such extended time as the Bank may allow),

    failing which the Bank can immediately cancel the Facility, and recover all costs (if any) incurred by the Bank in connection with the granting of the Facility.

2. **REVIEW**

    2.1. The availability, limits, interest rates, commission, fees, charges and terms and conditions of the Facilities are subject to :-

    (i) guidelines issued by Bank Negara Malaysia or any other authority having jurisdiction over the Bank; and

    (ii) the Bank's periodical review and variation at the Bank's absolute discretion.

3. **REDRAWING OF FIXED LOAN & HOUSING LOAN FACILITY**

    3.1 The amounts prepaid may be redrawn at anytime by the Borrower(s) prior to the expiry of the Facility tenure, subject to the following:

    (i) Each redrawal must be in multiples of RM1,000.00 (or such other multiples fixed by the Bank at any time at its absolute discretion), subject to a minimum withdrawal of RM2,000.00 (or such other minimum fixed by the Bank at any time at its absolute discretion) per transaction.

    (ii) All sums redrawn must be credited into the I-Account, Savings Plus account, current account or other operating account held/to be held by the Borrower(s) with the Bank.

    (iii) The amount entitled to be redrawn will be reduced in accordance with such installment payment outstanding incurred by the Borrower(s) at the relevant time.

    (iv) The redrawal entitlement after full payment of the facility will be on a reducing basis to ensure the facility tenure stated in the facility Letter will not be exceeded pursuant to any such redrawal.

    (v) The redrawal entitlement after full payment of the facility will subsist, provided that all security granted for the facility has not been discharged.

    (vi) No event of default has occurred at the time of redrawal.

した弁護士事務所しか利用できないこともあります。この点については、事前に担当者に確認する必要があります。

⑥ローン契約書に署名

　ローン契約書（Loan agreement）が作成されると、銀行からメールでドラフトが送られてきます。

　そのドラフトを確認し、内容に問題なければ契約書原本に署名する手続きを行います。ただし、日本に郵便で原本が送られてきた契約書に単に署名して返送するだけでは、有効な契約書として扱われません。マレーシアでは、ローン契約書の署名について厳しい規定があります。原則として、法律上、マレーシアで認可を受けている弁護士しか署名を認証できません。

　日本で署名を認証する場合、公証人役場で署名を認証してもらった後、さらにそれを大使館で承認してもらいます。

売買契約書にサインする前に注意するポイント

　通常、予約申し込みをしてから売買契約書にサインするまで１カ月程度の猶予期間があります。しかし、デベロッパーによっては、すぐに契約書へのサインを要求してくるところもあります。

　こういう場合は、銀行の仮審査の結果が出てからサインするように交渉しましょう。一度、売買契約を締結してしまったら最後、撤回することは不可能になるからです。

　また、予約申し込みで手付金（Earnest Money）を支払った後、買主都合で契約前にキャンセルする場合は、その手

ローン契約書の見本

UOB 大華銀行

1

THIS LOAN AGREEMENT CUM DEED OF ASSIGNMENT is made on the date stated in Section 1 of the First Schedule between –

UNITED OVERSEAS BANK (MALAYSIA) BHD. (Company No. 271809 K) a company incorporated in Malaysia having a place of business as stated in Section 3 of the First Schedule ("the Bank").

and

The party named and described in Section 2 of the First Schedule ("the Assignor").

1. **RECITALS**

    (a) The Landowner is the registered owner of the Land.

    (b) The Developer has, with the Landowner's consent, developed the whole of the Land into a project under the name in Section 7 of the First Schedule.

    (c) By the Sale Agreement, the Developer sold the Property to the First Purchaser.

    *(d) The benefits, rights, title and interest in, to and under the Sale Agreement and in the Property has been assigned to the parties and by way of the instruments of assignment described in Section 11 of the First Schedule.

    (e) A separate document of title to the Property has not yet been issued by the relevant authorities.

    (f) At the request of the Borrower, the Bank has agreed to make available and/or to continue to make available to the Borrower the Banking Facilities as described in the Letter of Offer upon the terms and conditions in the Letter of Offer and this Assignment.

2. **DEFINITIONS AND INTERPRETATION**

    2.1 **Definitions**

    In this Assignment, the following expressions have the meanings given below, unless expressly provided otherwise:

Words	Meaning
Assignor	The person named in Section 2 of the First Schedule. Where the Borrower and the Assignor are the same person, "the Borrower" will be used interchangeably with "the Assignor".
Associated Party	Any of the following: (a) The Borrower's director. (b) The Borrower's shareholder. (c) A company in which any of the Borrower's directors is a director or shareholder. (d) A company in which any of the Borrower's shareholders is a shareholder or director. (e) The Borrower's holding company.

*Delete wherever inappropriate

UOB LAA (94)/11

付金が没収されます。

　仮に融資が通らなかった場合も、基本的にはローン特約で契約をキャンセルできます。ただし、デベロッパーや売主のなかには、提示条件にローン特約を付帯させず、ローンが通らなくても契約を要求するケースもありますから、必ず事前に条件を確認するようにしてください。

3　支払いスケジュールの具体的な流れ

　マレーシアでプレビルド物件を購入する場合、物件購入の支払いを一括決済するのではなく、工事の完成段階にあわせて分割にて支払います。これはプログレッシブペイメントと言われる段階的な支払い方法です。
　ローンを利用した場合も同様に、工事の完成に合わせて融資が実行されます。こうした制度が一般的なのは、購入者や投資家保護を目的としているためです。

①支払いの流れ

　それでは、具体的にプレビルド物件を購入する場合の一般的な支払いスケジュールをご紹介しましょう。
　まず、売買契約を締結するとき、頭金（契約成立の際、契約実行の証拠として買い手が相手に支払う）10%を現金で支払います。その後、次ページのような支払いスケジュールに準じて、各工事が完了するたびに、物件価格の5%～15%が銀行からデベロッパーに支払われます。それが購入者の借入残高となります。

②予約金（手付金）、頭金の支払い方法

　予約金は原則、現金、銀行送金もしくは小切手で支払います。最近は支払い方法が多様化し、手付金の支払いをカード払いするケースが増えています。手付金だけでなく、10%の頭金（Down payment）もカードで支払う購入者もいます。デベロッパーから購入する場合は、指定の口座に直接、銀行送金します。中古物件は、仲介人となる弁護士が指定するエスクロー口座（取引の安全を保証するための第三者口座）に送金します。売買契約が有効になった時点で、その口座から売

主の口座に送金されます。

スケジュール	%
1. 売買契約時（予約金も含む）	10%
A. 基礎工事の完了	10%
B. 躯体工事の完了	15%
C. 壁・ドア・窓枠の工事完了	10%
D. 天井・電気設備・水道・ガス・電話回線の工事完了	10%
E. 内装工事完了	10%
F. 下水工事完了	5%
G. 排水工事完了	5%
H. 敷地内の道路工事完了	5%
2. 部屋内の電気・水道工事の完了	12.5%
3. 建物の建築確認申請の承認が下りてから21日以内	2.5%
4. 部屋の引越し後 8ヶ月以内	2.5%
5. 部屋の引越し後 18ヶ月以内	2.5%

4 繰り上げ返済する場合

　一度ローンを借りた後で借り換えを考えている方は、銀行から提示された融資条件（Letter of Offer）に規定されている「繰上返済に関する条項」を確認してください。

　繰上返済禁止期間（Bonding Period）が規定されている場合は、融資を受けてから一定期間は借り換えできません。

　従来、3年間の繰上返済禁止期間（Bonding Period）が主流でしたが、2012年7月以降その条項自体がなくなりつつあります。

　マレーシアの住宅ローンで繰り上げ返済する場合の手数料は銀行によって異なりますが、銀行ルール上、法外な手数料を徴収することはできないことになっています。

◎手数料の相場は、最初の借入額もしくは残高の2～3％が一般的
◎加えて、弁護士費用が1,000RM（25,000円）程度必要

5　遅延した場合の対処方法

　事情により月々の返済が遅れる、もしくは支払いができなくなった場合、どうしたらよいか。マレーシアの銀行は、理由がはっきりしていれば柔軟に対応してくれます。銀行の担当者に支払いができない理由とその内容を相談してください。支払い方法を変更してもらえる可能性があります。
　以下、銀行員から直接聞いた、実際にあった例を紹介します。

【ケース１：失職してしまった人の話】
　マレーシアの一般企業で働く会社員が、20年ローンを組んで、物件を購入。しかし、ローンを組んでから5年後、リストラされて、仕事を失ってしまいました。収入が激減したため、それまで月々支払っていた返済額を負担できません。その事情を銀行担当者に相談したところ、その方は、他に賃貸物件を所有していて返済原資を証明することができたことから、期間を40年に延ばして月額の支払いを下げてもらえました。

【ケース２：病気になってしまった人の話】
　自営業者の方が8年前にローンを組んで物件を購入。しかし、病気にかかり、入院する事態になってしまいました。収入が途絶えてしまうため、支払いができない旨を銀行担当者に相談したところ、交渉の末、支払いを1年待ってもらう措置をとってもらえました。

第7章

物件購入にまつわるポイントについて

1 マレーシアの不動産投資で用意する資金

マレーシアの不動産投資で必要な資金を２つに分けて説明します。

①投資資金 (Investment Capital)
②運転資金 (Working Capital)

①投資資金

投資資金は、その名の通り、資産を増やすために使う自己資金として用意する資金です。物件を購入するときに必要な頭金、諸費用内装などにかかる設備投資などが投資資金に当たります。
物件を予約するための予約金は１～３％、頭金は、物件価格の20%～40％が目安です。

現在のマレーシアは、売り手市場（デベロッパーや販売会社が優位）なので、良い案件が出ればすぐに完売です。良い条件のユニット（部屋）が出たら、すぐに予約書と予約金を入れないと、現地（地元）の購入者に、取られてしまいます。

理想の物件がいつ、どのタイミングで目の前に現れるかわかりません。「これぞ！」と思った物件の購入タイミングを逃してしまえば、次にいつチャンスが訪れるかわからないものです。そういった機会損失をしないためにもあらかじめ投資資金を準備しておくことが重要です。

~諸費用について~

プレビルド物件の場合、契約書作成にかかる弁護士費用、印紙代、州政府合意取得費用、物件が完成するまでの利息は、

> デベロッパーが負担するケースがあるので、買主の投資資金が少なく収まります。一方、中古物件は、これらの諸費用は全て買主が負担することになるので、プレビルドに比べ諸費用は高くなります。詳細は、次節で説明します。

②**運転資金**

　運転資金は、不動産賃貸を運営していくために必要な資金です。具体的には以下のとおりです。

＜日々の不動産管理に必要な資金＞

　管理費、保険、税金（Quit Rent, Assessment Fee）、修繕積立金（Sinking Fund）ローン返済資金など。

＜テナントが退去した場合＞

　修繕費用、原状回復費用。日本で不動産投資をされている方ならお分かりかと思いますが、これらの費用もバカになりません。

＜テナントを募集する場合＞

　仲介手数料、広告費用。賃貸契約の退去時期のタイミングを考えて費用を見積もります。

＜賃料を滞納された場合＞

　回収費用。弁護士に相談する費用や訴訟費用です。不測の事態に備えて予備資金として考慮します。

以上が一般的な運転資金です。これらの費用を頭に入れて収支計画を立てましょう。
　また、海外で不動産投資する場合、為替リスクがあります。円安になれば、支払いの負担が増えてしまいます。そのリスクをヘッジするためにも、少なくとも向こう3カ月くらいの必要経費や銀行への返済資金を現地に用意しておくとよいでしょう。

※**各費用の数値については物件によって異なります。マレーシア不動産投資クラブでは、物件ごとに投資から売却するまでの収支計画を立て、財務モデリングでキャッシュフローシミレーション**を行い、**投資利益がどのくらいなのかＩＲＲ**（内部収益率）や**マルチプル**（元本回収の倍率）で評価をしています。

コラム：自己資金を少なくして投資するには

　できれば自己資金をあまり使いたくないという購入者も多いと思います。自己資金負担を減らす方法のひとつは、デベロッパーがオファーするリベートを活用することです。このリベートとは、デベロッパーがプレビルド物件を販売する際のプロモーションのひとつで、自己資金が少ない購入者にとっては魅力的な方法といえます。これは、物件価格を最初からディスカウントするのではなく、銀行から最大限融資を受けられるように価格設定し、満額融資が実行されたら、リベートとして自己資金負担の一部を買主に還元する方法です。

　例えば、プレビルドの2000万円の物件に80％（1600万円）のローンが融資されるとします。通常は、その20％分（＝400万）を頭金として自己負担しなければいけません。そこで、デベロッパーの10％のリベートを利用すると、残り10％の自己負担だけで済む、ということになります。その場合、実質、物件価格に対し、88.9％（※印参照）のローンで融資を受けられたのと同じことになります。

◎物件価格　2000万円
◎ローン　　1600万円
◎リベート　 200万円
◎自己負担　 200万円

※ローン比率88.9％
　＝1600万ローン ÷ 1800万リベート控除後物件価格

2　物件購入プロセス

　実際に購入する物件が決定した後、一般的な物件の購入プロセスをご紹介します。

ステップ１：購入申込書の提出

　購入を決めたら、売主（デベロッパー）に購入申込書を提出します。申込書に必要事項を記入のうえ、署名をします。日本でも可能です。

ステップ２：売主の承諾

　コンドミニアムであれば、区分（Parcel）の番号を確認し、価格・手付金・契約日・特約等を確認します。なお、売主の承諾及び物件の確認は日本でも可能です。

ステップ３：予約金（１〜３％）の支払い

　予約申込書提出後、数日内に手付金（物件価格の１％〜３％程度）の支払いを求められます。日本でも可能です。住宅ローンを利用する場合、HSBC、UOB など現地有力銀行の店舗にて口座開設申込とローン申請手続きを行います。

ステップ４：住宅ローン申込書の提出

　住宅ローンを利用する場合、前章でご説明した必要書類を用意し、借入申込書に必要事項を記入しておきます。

現地で物件購入と同時に住宅ローンを申し込む場合、デベロッパーと提携している銀行から担当者がオフィスや販売会場まで駆けつけて来てくれます。

ステップ5：売買契約書の署名と頭金（10％）の支払い

予約申込書を提出してから約2週間から約1カ月以内に売買契約書を交わします。そのとき同時に頭金の残額（物件価格の10％－手付金分）を支払います。

マレーシアでは日本とは違い、売買契約書の作成は弁護士が行います。通常、デベロッパーから購入する場合は、所定の売買契約書の雛形に基づき、弁護士が作成します。価格・手付金・ローン借入額・融資申込金融機関名・契約日・決済日・特約など、出来上がった売買契約書を綿密にチェックしたうえでサインします。契約のタイミングは、予約申込書を提出後、約1カ月以内に売買契約書を交わしたときです。このとき同時に頭金（物件価格の10％－手付金分）の支払いを行います。

ステップ6：融資承認

通常、1週間〜2週間程度で承認されます。融資承認の連絡は申込金融機関から入ります。融資不可の決定が下った場合は、通常、売買契約は白紙解除となりますが、手付金や申込金を含む全額が買主へ返金されるかどうかは予約申込書の記載内容によります［通常、購入者の事情により融資が不可になる場合は、手付金（予約金）がデベロッパーからから返還されないケースが多い］。デベロッパーから請求されるその他の手数料・費用などは一切ありません。

新築物件（未完成物件）の購入手続き

- ・購入申込み
- ・手付金を支払う（価格の1%）

- ・契約書作成および署名時、価格の9%を支払う
- ・ローン審査

- ・融資決定
- ・州政府へ購入合意の申請
- ・残額自己負担分を支払う

- ・州政府の合意取得後、工事の進捗に応じて段階的にローンをリリース

```
1月 > 2月 > 3月 > 4月 > 5月 > 6月
```

90㎡ 価格2200万円の場合

1月初：22万円（手付金を支払う）
2月初：220万円（価格の10％を支払う）
3月以降：440万円（残額分は工事の進捗に合わせて分割で支払う）

58㎡ 価格1700万円の場合

1月初：17万円（手付金を支払う）
2月初：170万円（価格の10％を支払う）
3月以降：340万円（残額分は工事の進捗に合わせて分割で支払う）

完成（中古）物件の購入手続き

- ・購入申込み
- ・手付金を支払う（ローン審査）（価格の1%）

- ・契約書作成および署名時、価格の9%を支払う
- ・ローン審査
- ・州政府に売買合意の申請

- ・融資決定

- ・申請から1カ月～3カ月で州政府の合意取得
- ・合意取得後に残額支払い（ローンをリリース）

- ・決済完了
- ・引渡し
- ・翌月からローンを支払う

```
1月 > 2月 > 3月 > 4月 > 5月 > 6月
```

- ・ローンが否決された場合は、手数料1%を差し引いて手付金を返却

- ・政府の承認から90日を過ぎると、30日間の延長期間を経て、手付金が売主に没収される

90㎡ 価格2200万円の場合

1月初：22万円（手付金を支払う）
2月初：220万円（頭金を支払う）
4月初：440万円（残額自己負担分を支払う）
6月～ 引渡し

※物件によって異なります

ステップ7：州政府譲渡合意書の申請

　法律事務所が売買契約書類を作成すると同時に、州政府に譲渡合意書を申請します。州政府譲渡合意書を取得するには、約3～6カ月かかります。州政府譲渡合意書を取得したら、上記（ステップ6）融資後の残額自己負担金（頭金）を支払います。

ステップ8：決済（取引）

　決済は、融資申込機関が行います。買主口座に金融機関から融資金が振り込まれると、残代金や諸費用といった必要経費が自動的に銀行からデベロッパーや売主・弁護士に支払われます。

ステップ9：所有権の移転登記手続き

　州政府の譲渡合意書取得後、所有権の移転登記手続きが始まります。弁護士は土地局（ランドオフィス：日本でいう法務局）にて登記の手続きを行います。

購入申込書の見本

JAKS ISLAND CIRCLE SDN BHD
(Co. No. 874563-X)
No.9, Jalan USJ Sentral 1, USJ Sentral, Persiaran Subang 1, 47600 Subang Jaya, Selangor Darul Ehsan.
Tel: 603-8023 2767   Fax: 603-80245767   Email: property@islandcircle.com.my

PURCHASE FORM

1 Description of Property

Project : Pacific Star @ Section 13, PJ   Type : Service Apartment / Signature Suite

Unit No.: _____   Built-up Area (sq.ft) : _____

2 Payment Option

Purchase Price: RM _____ Down payment : RM _____ O/R No: _____

Discount Amount : RM _____ Cash/Cheque No.: _____

Balance 10% : RM _____ & SPA signing Date : _____

3 Purchaser(s)

Name(s) (a): _____ (b) _____

Passport/NRIC No.: _____

Age : _____ Gender : ___ Marital Status: _____   Age : _____ Gender:___ Marital Status: ___

Nationality : _____   _____

Correspondence Address: _____

_____

Company Address   : _____

_____

Contact-no. : H/P:_____   H :_____   O: _____

Fax: _____   Email : _____

I am/We are fully aware and acknowledge that I/we have to comply with the following terms:-

a) To pay a down payment of RM_____ to the solicitor/developer as a non-refundable earnest deposit upon signing this letter;
b) To furnish all my relevant/company details and documentation to the solicitor within 7 days from the date of this letter;
c) I/We hereby agreed to execute the Sale and Purchase Agreement (SPA) and Deed of Mutual Covenant (DMC) within 14 days from the date hereof.
d) Failing which the developer shall deemed that I/We are no longer interested in the above property and hence the developer shall be at liberty to dispose the said property to any interested parties at their sole discretion without further reference to me/us.
e) Admin fees of RM 1,000.00 will be charged for cancellation of purchase due to any other whatsoever reason.

....
Purchaser Signature   Purchaser signature
Date   :   Date   :

Agent/Introducer/Referral
Com.Name : _____   PIC : _____

Contact no : _____

Office use only :
Attended by : _____   Sales Package : _____

Verified / Approved by : _____

Rev.1

借入申込書の見本

LOAN APPLICATION FORM　　　　　　　　　　　　　　　　　　　　　　　　　　　UOB 大華銀行

1. LOAN REQUESTED DETAILS

Please tick (✓) where applicable :
☐ Individual Application　　☐ Joint Application　　My/Our Preferred Servicing UOB Branch : _____

Amount of Loan (excluding MRTA and Legal Fees) : RM _____　Repayment Period : ___ year(s)　Legal Fees Amount : RM _____

☐ MRTA　☐ MLTA　☐ My Prestige　Premium To Be Paid By :　☐ Own Cash　☐ Finance
To Be Taken Up By :　☐ Applicant　☐ Co-applicant　Premium Amount : RM _____

☐ FOR NEW PURCHASE　Purchase Price (property) : RM _____　Developer/Vendor : _____
　　Purchase Price (car park - applicable for separate SPA for car park) : RM _____

☐ FOR REFINANCING　Current Market Value : RM _____　☐ Existing Financier : _____
　　Loan Outstanding : RM _____

☐ FOR OTHERS (please specify) : _____

TYPE OF PROPERTY :　☐ Landed, Type : _____　☐ Condo/Apartment With Facilities
　　☐ Condo/Apartment Without Facilities　☐ Others (please specify) : _____

Encumbrance :　☐ Yes　☐ No　☐ Chargee Bank: _____

STAGE OF CONSTRUCTION :　☐ Completed　☐ Under Construction % Completed : _____　Expected completion date (if necessary) : _____

TITLE :　☐ Strata　☐ Master　☐ Individual　☐ Freehold　☐ Leasehold/Expiry Date : _____

PROPERTY USE :　☐ Own Occupation　☐ Investment　☐ Others (please specify) : _____

Name of Registered Owner(s) : _____

Purchase Date : _____　Land Area (for landed property only) : _____　Built-up Area : _____

Title No./Lot No. : _____

Address of Property : _____

2. PRINCIPAL APPLICANT'S DETAILS

Title :　☐ Tan Sri　☐ Puan Sri　☐ Dato'　☐ Datin　☐ Dr　☐ Mr　☐ Madam　☐ Ms　☐ Others (please specify) : _____

Full Name (as per IC or Passport) : _____

New IC No. _____ - _____ - _____　　Old IC No. _____

Passport No. (for non-Malaysian) : _____　Nationality　☐ Malaysian　☐ Others : _____

Date of Birth (dd/mm/yy) : _____　Age _____　Sex　☐ Male　☐ Female

Race　☐ Malay　☐ Chinese　☐ Indian　☐ Others (please specify) : _____　E-Mail Address : _____

For Non-Malaysian　☐ Resident　☐ Permanent Resident　☐ Non Resident　☐ Malaysia My Second Home

Residential Address _____　Correspondence Address (if different from Residential Address) _____

☐ Owned　☐ Mortgaged　☐ Rented　☐ Parent's/Relative's　☐ Others

City and State : _____ Postcode _____　City and State : _____ Postcode _____

No. of years there _____　☐ 5 years　☐ 10 years　☐ Others _____ year(s)

House Telephone No. _____ - _____　Mobile Phone No. _____ - _____

Marital Status　☐ Single　☐ Married　☐ Others (please specify) : _____　No. of Dependents : _____

Highest Educational Qualifcation　☐ Primary　☐ Secondary　☐ Diploma*　☐ Degree*　☐ Post-Graduate*　*(please specify) : _____

Emergency contact person :
Name : _____　Relationship : _____　Mobile Phone No. : _____
Address : _____　Postcode : _____　House Tel. No. : _____

3. PRINCIPAL APPLICANT'S EMPLOYMENT DETAILS

Name of Company : _____

Relationship with company :　☐ As Employee　☐ As Shareholder/Owner　☐ As Director　☐ Others (please specify) : _____

No. of employees in the company :　☐ Less than 15　☐ 15-50　☐ 51-100　☐ More than 100

Office Address : _____　Tel. No. _____ - _____
　　Fax No. _____ - _____
　　Nature of Business : _____
　　Profession : _____
City and State : _____　Position Held : _____
Postcode _____　Length of Service : _____

205

> 売買契約書の見本

SCHEDULE H

HOUSING DEVELOPMENT (CONTROL AND LICENSING) ACT 1966

HOUSING DEVELOPMENT (CONTROL AND LICENSING) REGULATIONS 1989

(Subregulation 11 (1))

SALE AND PURCHASE AGREEMENT (BUILDING OR LAND INTENDED FOR SUBDIVISION INTO PARCELS)

AN AGREEMENT made the day and year stated in Section 1 of Schedule A hereto BETWEEN SERI MUTIARA DEVELOPMENT SDN BHD (Company No. 865885-D), a company incorporated in Malaysia and duly licensed under the Housing Development (Control and Licensing) Act 1966 (Licence No.: ___-__/__-__/____) with its registered office at No. 18-5-1, Jalan 5/101C, Cheras Business Centre, Batu 5, Jalan Cheras, 56100 Kuala Lumpur, Wilayah Persekutuan and place of business at No. 10A, Jalan Lazat 2, Happy Garden, Kuala Lumpur, 58200 Wilayah Persekutuan (hereinafter called "the Vendor") of the one part AND the party whose name and description are stated in Section 2 of Schedule A hereto (hereinafter called "the Purchaser") of the other part

PREAMBLE

WHEREAS the Vendor is the registered and beneficial owner of all that freehold land held under HS(D) 28780, No. PT 41462, Mukim Dengkil, Daerah Sepang, Negeri Selangor Darul Ehsan measuring approximately 7.799 hectares (hereinafter referred to as "the said Land");

AND WHEREAS the said Land is presently charged to **MALAYAN BANKING BERHAD** (3813-K), a company incorporated in Malaysia under the Companies Act, 1965 and having its registered office at 14th Floor, Menara Maybank, 100, Jalan Tun Perak, 50050 Kuala Lumpur as security for the loan granted to the Vendor;

AND WHEREAS the Vendor has, at its own cost and expense, obtained the approval of the building plans (hereinafter referred to as "the Building Plan") from the Appropriate Authority (A copy of the Site Plan, Layout Plan, Floor Plan and *Storey Plan/Delineation Plan as certified by the Vendor's architect are annexed in the First Schedule);

AND WHEREAS the Vendor is developing the said Land as a housing development known as **MutiaraVille@Cyberjaya** complete thereon with the common facilities as in the Second Schedule [Advertisement and Sale Permit No.: ___-__/____/____(___)].

AND WHEREAS the Vendor has agreed to sell and the Purchaser has agreed to purchase a parcel with vacant possession which is more particularly described in Section 3(a) of Schedule A hereto and which is delineated and shaded GREEN in the *Storey Plan/Delineation Plan, measuring in area as specified in Section 3(b) within Storey No. as stated in Section 3(c) both of Schedule A hereto and of the Building described in Section 3(d) of Schedule A hereto, which is in turn delineated and shaded RED in the Site Plan (hereinafter referred to as "the said Building") with an accessory parcel with vacant possession as described in Section 3(e) of Schedule A hereto of the Building No. as described in Section 3 (f) of Schedule A hereto (which is delineated and shaded BLUE in the Accessory Parcel Plan annexed in the First Schedule) (hereinafter referred to as "the said Parcel") subject to the terms and conditions hereinafter contained.

3　購入時に必要な諸費用について

　購入時の諸経費は物件・条件によって異なりますが、だいたい物件価格の3％～8％程度と考えておくとよいでしょう。以下、主な経費を紹介します。

①**弁護士費用**
　弁護士（Solicitor）の報酬は、法律で定められています。最低300RM（リンギット）で、物件価格に応じて料率が異なります（弁護士に支払う報酬は下記の表の通り、売買代金の金額区分ごとに上限が定められています）。
　法律上、上限以上の報酬を徴収することはできません。ただし、料率の下限はなく、価格がRM7,500,000を超えている場合は0.4％以下の手数料の交渉ができます。報酬には5％の税金が加算されます。不動産に関連する手数料はマレーシアの弁護士協会に問い合わせることができます。

総　額	％
150,000 RM	1.0%(最低RM300)
～ 850,000 RM	0.7%
～ 1,000,000 RM	0.6%
～ 2,000,000 RM	0.5%
～ 2,500,000 RM	0.4%

※ただし、実費および経費が別途かかります

②**不動産登記にかかる印紙税**

　マレーシアの不動産取引で権利譲渡が行われた場合、印紙税は譲受人である買主が負担します。現金以外で権利譲渡が行われた場合、不動産購入価格と市場価格を比較し、高いほうに対して以下の印紙税が課税されます。例えば、市場評価額が 50 万 RM（リンギット）で、売買価格（不動産購入価格）が 60 万 RM の場合は、60 万 RM が採用されます。

総　額	％
100,000 RM 以下	1.0％
100,001 RM 以上　500,000 RM 以下	2.0％
500,001 RM 以上	3.0％

4 マレーシア不動産の権利関係について

マレーシアの不動産の経緯から、不動産の各種権利形態について、順を追ってご説明していきます。

1 マレーシア不動産の経緯

1950年に独立して以来、マレーシアでは、土地は州政府によって管理・所有されてきました。

当初、州政府主導でプランテーションの事業化を試みましたが、思うように進まない状況でした。そこで政府が考え出した案は、プランテーション事業を活発化させるために、企業にインセンティブを与えることでした。そのインセンティブとは、開発した用地の自由保有権（フリーホールド）を与えることです。当時、プランテーション事業を行っていたサイム・ダービー、IOIプロパティ、クアラルンプールケポンなどのプランテーション業者は、事業を行う報酬として、多くの土地の自由保有権を取得しました。やがて、プランテーション事業が終わり役目を終えた用地は、住宅向け不動産開発用地に姿を変えました。それが、今のフリーホールドの物件となっています。

プランテーション用地以外の土地は、州政府が需要度合いを考慮して、フリーホールド、リースホールドに区分けしたと言われています。比率でいうと、約40％がフリーホールドで、残り約60％がリースホールドです。

2 借地権［リースホールド（Leasehold）］

リースホールドとは、地権者である州政府と契約する30年、60年、もしくは99年間の定期借地権です。

日本では、借地権というと抵抗を感じる方が多いと思いますが、マレーシア人にとっての借地権（リースホールド）は一般的な権利形態です。事実、現地の人はリースホールドの物件であっても、ほとんど抵抗なく購入しています。

リースホールドは購入時や更新時、もしくは譲渡時に州政府から承諾が必要です。その際、更新時や譲渡時にはプレミアム費用を支払わなくてはいけません。

リースホールドの注意点

①リースホールドの更新について

　リースホールドは、リース期間満了前に更新することができます。契約満了前に更新をしないと土地の権利は州政府に移管されます。

　「登記や更新申請して承諾されないことはあるのか？」と心配される方もいるかと思いますが、ほとんどのケースは問題ありません。2010年12月、副首相のタンスリ ランカヤシン氏は、「公共工事の目的がない限り、すべての州政府は99年以内の期間でリースホールドの更新申請を承認する」と発表しており、特段拒否する理由がなければ更新が認められます。

　ただし、公の利益となるMRTなどのプロジェクト開発や

経済発展を目的として用地収用が必要な場合には、マレーシア政府は、私有財産を買い取る権利を持っています。この権利が発動された場合、物件の市場価格で買い取られます。

②注意すべき制限付き物件の取引について

特に注意しなければいけない権利形態は「制限付き物件」を取引する場合です。すべてのリースホールド権利に州の同意が必要ということではありませんが、条件に「制限付きリースホールド」と「制限付きフリーホールド」とある場合には、すべての取引に州政府の同意を得なければなりません。

逆にフリーホールドでも同意を必要とする物件があります。もともと、リースホールドだった物件が、フリーホールドに変更されたケースはそれに該当します。そのような物件はフリーホールドとなった後でも、州政府の承諾が必要となります。

3　自由保有権（Freehold）

自由保有権（フリーホールド）は、その名の通り永久的な土地の権利として登記される権利です。日本でいう所有権にあたり、自由に使用・収益・処分できる権利です。

永久的な土地の権利ではあるものの、土地税（Quit Rent）、建物評価税（Assessment Fee）を支払わないで税金を滞納した場合や、州の条例に従わないと、フリーホールドの権利が無効とされることもあ

ります。

　もちろん、こういったケースは非常に稀で、今までの事例を見る限り、滅多に行われていないようです。ただ、条例や税制はよく変わるため、注意しておく必要があります。

4　区分所有権・空間所有権（Strata Title）

　ストラタ・タイトルとは、日本の区分所有権にあたり、コンドニミアムなど一棟の建物に構造上区分された所有権です。日本と同様、各所有者の専有部分と全所有者の共有部分があります（詳しくは以下の箇条書き部分参照）。

●共有部分は、敷地内にあるプールやジムなどの施設、玄関・廊下・階段など皆で使用する部分、専有部分は、オーナーが個別に所有する部分です。また、コンドミニアム敷地内の土地は区分所有者全員が持分割合に応じて、各区分住戸の所有権に付属しています。
●区分所有権の制度は同じでも、日本とは違う点があります。それは、権利移転のタイミングです。マレーシアでは、ストラタ・タイトルの発行手続きを終えるまでに時間がかかります。

　プレビルドで物件を購入した場合、ストラタ・タイトルが発行されるまでの間、登記上の土地・建物の所有権は、デベロッパーに帰属します。もし、その間に売買取引があるとデベロッパーの所有権のまま、売主と買主で権利移転が行われます。ストラタ・タイトルが発行されるまでの間に区分所有権の売買がなされる場合、デベロッパーとの売買契約書によって、権利移転が行われます（詳しくは第9章参照）。

　ストラタ・タイトルが発行されたら、デベロッパーと買主は、通知後12カ月以内にストラタ・タイトル移転手続きの書面に署名しなけ

ればいけません。仮に実行しなかった場合は 100 万 RM の罰金が科されるという厳しい規定があります。
●ストラタ・タイトルが発行される際の印紙税と弁護士手数料および登記費用等の費用負担は、買主である区分所有者が負います。

新築物件（未完成物件）の購入にかかる権利関係

区分所有権申請　　区分所有権発行
（※通知から12カ月以内に権利移転の書面にサイン）

デベロッパー ── 登記上の権利 ──▶

旧区分所有者 ──▶

　　　　　　　　　　売買契約（転売）　権利移転
新区分所有者 　　　──▶　　　　　　──▶

5　マレーリザーブランド（マレー人保留地）

　マレーシア憲法 89 条では、マレーリザーブランド（MRL）は、マレー民族だけが土地を所有、もしくは利用する権利を有すると定めています。土地が MRL として公示されると、売買、賃貸も含めてマレー人個人もしくはマレー系企業にしか取引できなくなります。

6　土地の購入に関する許可について

　外国人でも土地の購入は可能です。農業用もしくは建設用に区分される土地の場合、各州管轄当局から事前の書面による承諾を得ない限り、マレーシア国民でない者や外国会社による取引（譲渡、課金、リース）は認められません。

第8章

物件購入後の賃貸管理について

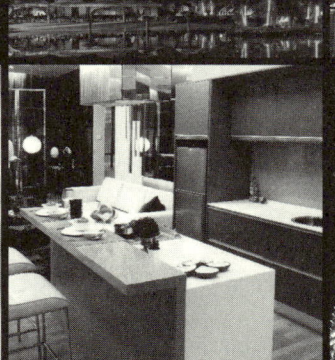

1　建物の現状を知る

　日本で不動産投資をされているオーナーさんであれば不動産投資において「いかに管理が大切か」は理解されていると思います。

　購入時にショールームの内装イメージや価格、予想利回りだけで判断してしまうと、後で「こんなはずではなかった」と驚くことがあるかもしれません。管理面まで考えておかないと大きなリスクが待っています。

　まずは下記のポイントを参考に、建物の現状を把握することから始めましょう。

（最低限調査するポイント）
①立地：物件があるロケーションの特徴は？
②物件の賃料：周辺物件と比較して、高いか？　安いか？
③競争物件：類似条件の競合物件が周辺に多いか？　少ないか？
④設備：家具設備は十分か？
⑤管理：物件の日常管理、警備業務など、しっかりしているか？

1　物件があるロケーションの特徴は？

　ロケーションの特徴によって、賃貸戦略が異なります。賃貸を考えるうえで、次ページの2つが重要ポイントになります。

①周辺環境の利便性
　◎近くにショッピングセンター、スーパー、商業店舗、学校、病院がある
　◎交通渋滞がなく、高速道路へのアクセスがよい
　◎ MRT/LRT 駅から徒歩圏内
　◎シティセンターまでの距離が近い
②エリア内に居住する住民の属性
　◎多民族国家であるマレーシアでは、エリアごとに居住する民族が異なります。エリアの特性として「どういった民族が住むエリアなのか」把握しテナントターゲットを明確にします。
　◎エリアによって住民の所得水準が異なります。所得水準を考慮し、「どれくらいの賃料なら借りてくれるのか」を想定します。属性別に平均所得が高い順に並べると、次のような順になります。

1. **外資系企業または外国政府機関のエグゼクティブクラス、富裕層マレーシア人**
2. **. 外国人駐在員、高所得層マレーシア人**
3. **中所得層マレーシア人**
4. **現地の学生**
5. **低所得層マレーシア人**
6. **周辺国から出稼ぎに来ている外国人労働者**

　一般的に、外国人が購入できる 50 万 RM（リンギット）以上の物件に住むテナントターゲットは、1 〜 4 です。各エリアの特徴と属性は、次ページの図表を参考にしてください。

	① 欧米人エグゼクティブ向けの物件	② 日本人駐在員向けの物件	③ 中〜高所得者マレーシア人向けの物件
主なロケーション	KLCC、バンサー、ダマンサラハイツ、アンパン	モントキアラ、アンパン、ミッドバレー(KL日本人会の近く)、ワンウタマ、タマンデサ	ペタリンジャヤ、新興都市(新規開発エリア)
想定家賃	6000RM〜8000RM (15万円〜25万円:家族)	a. 4,800RM〜6,000RM (12万円〜15万円:単身者) b. 6,000RM〜8,000RM (15万円〜20万円:家族)	3,000RM〜4,000RM (6.25万円〜10万円)
物件価格の目安	150万RM(3750万円〜)〜	a. 90万RM(2400万円〜)〜 b. 130万RM(3200万円〜)〜	60万RM〜100万RM (1500万円〜2500万円)
間取り	3LDK以上	1LDK〜(単身) 2〜3LDK〜(家族)	2LDK〜
	・欧米人エグゼクティブが住む主なロケーションは、クアラルンプール市内で最も地価が高く、高級住宅地として知られているエリアです。大使館、高級ホテル、金融機関などが多く建ち並ぶKLCCやアンパンは人気です。 ・なかでもバンサーは最も歴史が古い高級住宅エリアで、欧米人に特に人気があるエリアです。交通渋滞が少なく、暮らしやすい場所ではあるものの、大型高級物件が多いため、利回りは低くなりがちです。	・駐在員が居住するエリアで最も多いのは、モントキアラエリアです。日本人学校やインターナショナルスクールが近くにあります。 ・ロングステイヤーの多くは、ミッドバレーの近くやタマンデサなどKLCC周辺部で暮らしています。	・マレーシア人ローカル層は、どちらかというとペタリンジャヤなどのKLの衛星都市や新興都市に住む傾向が強いです。「ショッピングモールが近い」「オフィスに近い」「渋滞しない交通環境」「駐車場あり」などの要素が大きな決め手となります。 ・中間層とされる平均家計所得(8,000〜9,500RM)の世帯比率は48.1%に上ります(ちなみにインドネシアは7.9%、タイは25.3%)。インカムゲインを考えた場合、中間層を狙うのが最もよいです。

※グレーター・クアラルンプールの場合

> **コラム：現地の学生向けの物件**
>
> 　多くのマレーシア人の学生は、親に資金を援助してもらいながら生活します。そのため、学生寮へ入居する人や学生同士でシェアする傾向が強く、中間所得層の親の収入レベルなら、KL（クアラルンプール）中心部に一人暮らしをさせるようなケースは多くありません。現地の投資家は、賃料単価が低い割には手間がかかるため、学生をターゲットにした収益物件はあまり好まれていません。

2　周辺の物件と比較して、高いか、安いか？

　家賃設定はとても重要なポイントです。家賃が高すぎると、入居者が決まりません。かといって、安すぎては賃貸経営に影響が出てしまいます。購入してから募集賃料が高すぎると気づいても遅いので、不動産売買の仲介業者の話を鵜呑みにするのではなく、購入前に地元の不動産業者に賃料の見積もりをしてもらいます。できれば、その募集賃料が相場と比べてどうなのかを検証するために、ほかの不動産会社にも賃料相場や競合物件の募集状況をヒアリングしてみましょう。実際の取引事例を参考に、ほかの物件と比較し、賃料の妥当性を判断します。

❸ 類似条件の競合物件が周辺に多いか？ 少ないか？

　周辺に類似条件の競合物件が多いか少ないかを把握しておきましょう。もし多い場合は、エリア内の競合物件と比較し、他とどのような違いがあるかを知ることが重要です。なぜなら、テナントを募集するにあたって、「豪華な家具付きにしたほうがよい」のか、「賃料を低めに設定してすぐに借りてもらうようにする」ほうがよいのか、判断できるからです。

> **コラム：競合物件とテナントの奪い合い**
>
> 　現地の投資家から聞いた話です。2007年ごろまで、クランバレーでは、LRTとモノレールの駅が近いスタジオタイプの物件は限られていました。駅近のスタジオタイプといえば、ペタリンジャヤ市にあるLRTの終着駅の隣に建つAmcorp Mallの上に建設されたAmcorp Suitesだけでした。地方から来た移住者や外国人労働者テナントにとって、駅に近く、賃料が安く借りられる物件は魅力的で、ほかになかったため、その物件に申し込みが殺到しました。その後、月800RM（約2万円）から1,300RM（約3万2,500円）に賃料を上げても空きを待っているテナントが多くいたそうです。しかし、以前と比べて、周辺にスタジオタイプが増えてきたため、今ではテナントの奪い合いになっています。競合物件が増えれば、人気のスタジオタイプだからといって、安心して賃貸できるとは限りません。

4 家具設備は十分か？

賃貸するうえで、付帯する設備や家具の有無は重要なチェックポイントです。ターゲットにする属性によって、求められる家具設備が異なります。

A. 家具なし（Unfurnished）

マレーシアでいう「Unfurnished」は文字通り、何も付いていない「家具なし」の物件を指します。トイレやシャワーが付いている程度で、キッチンユニット、エアコンなどはありません。そのままで賃貸するのは難しいです。しかし、マレーシア人は、民族ごとに生活習慣による使用方法や好みが異なります。家具や内装を統一することが難しいことから、スケルトンの状態で引き渡されることもあります。

B. 一部家具付き（Partially furnished）

照明、エアコン、備え付けワードローブなど最低限生活できるレベルの設備です。日本の一般的な賃貸マンションと同じような付帯設備と考えていいでしょう。中間層マレーシア人がコンドミニアムを借りる場合は、一部家具付きが一般的です。

C. 家具付き（Fully furnished）

家具付物件は、キッチン、エアコン設備はもちろん、冷蔵庫、洗濯機、乾燥機、その他白物家電（オーブン、電子レンジなど）、ベッド、ソファ、ダイニングセットからテレビまで一式揃っています。カバンひとつで入居してもすぐに生活できるようなウィークリーマンションやシティホテルと同じレベルの設備です。なかには、ビジネスホテル並みの内装や家具が付帯している物件もあります。

外国人をターゲットにするなら、価格を高く設定しても家具付物件

にしたほうが貸しやすいです。むしろ、十分な家具が付いていないと、競合物件にテナントを奪われてしまうことがあります。

5 物件の日常管理、警備業務など、しっかりしているか？

　日本の場合、築年数は賃貸するうえで大きなポイントになります。マレーシアは築年数よりも管理の良し悪しで物件の人気が決まります。築10年以上の物件でも管理が行き届いていて新築同様の物件もあれば、築5年でボロボロの物件もあります。実績があるデベロッパーなら、ほかのコンドミニアムも手がけているはずなので、すでに竣工した物件を視察しておくことをお勧めします。

　また、セキュリティー面も重要です。きちんとした警備がなされているか、管理面が行き届いているかどうか、確認しておくほうが無難です。

2 テナントの募集方法

テナント募集の方法は大きく分けて4つです。

1 インターネットや新聞の広告から

最も一般的なのは、インターネットや新聞広告でのテナント募集掲載です。

> 【不動産検索の web サイト例】
> ◎ http://www.iproperty.com.my/
> ◎ http://www.propertylink.com.my/
> ◎ http://malaysia.property2u.com/
>
> なお、駐在員向けの媒体は、The Star 紙のクラシファイド広告（※）が効果的です。　※ Expartiates.com

インターネットや新聞広告で募集する場合は、広範囲かつ、低コストでテナントを募集できます。

2 不動産業者を通じて

新築物件の場合、竣工当初は、デベロッパーの関連会社である不動産管理会社にテナント募集や管理をしてもらうことになります。一般的に、引き渡し後、一定期間が経過すると、デベロッパーの管理会社に継続して委託するか、もしくは、外部に委託するか選択できます。

◆ .iproperty. のサイト

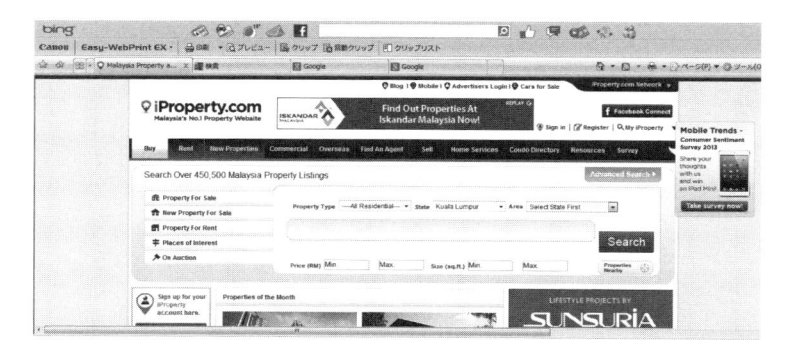

◆ propertylink のサイト

一般の管理会社に委託する場合、所在地の地図、物件の間取り、物件の内外部写真を管理会社に送ります。そして、管理会社に希望条件を伝え、テナント募集の戦略を固めていきます。なお、手数料は成功報酬型なので、できるだけ多く（複数）のエージェントを利用しましょう。日本国内と同様に、入居（賃貸契約）が成約したときのみ、仲介手数料が請求されます。

なお、オーナー自身で募集する方法もありますが、海外不動産投資を副業とする日本人投資家の場合、自ら行うのは、多くの手間と時間がかかり、大変です。やはり、現地の不動産業者に任せるのが現実的です。

3 友人・知人の紹介

オーナー自身の知人や友人に借りてもらうという選択肢があります。知り合いに借りてもらえば、余計な出費がかからずベストです。

4 ポスティングや張り紙、チラシ

エリア内（同じコンドミデアム内の掲示板、または管理組合経由の告示など）に貸家（To Let の表示）のポスティングや貼り紙を貼り告知するのもマレーシアでは一般的です。しかし、告知する範囲が狭いため、短期間での成約はあまり期待できません。

3 賃貸借契約書の締結までの流れと賃貸借契約書のチェックポイントについて

　マレーシアで部屋を賃貸するときの、最初の入居の申し込みから賃貸借契約までの一連の流れを紹介します（※あくまで一般的な事例であり、ケースによって異なります）。

1 テナントから申込書を提出してもらい、予約金を請求

　テナントから賃貸の申し込みがあったら、テナントに予約申込書（Letter of Offer）を提出してもらいます。家賃が双方で合意されれば、契約を締結するにあたり、テナントに初月の家賃、光熱費、敷金を合わせて約3カ月分の賃料を請求します。まずは、1カ月分の賃料（Earnest Deposit）を予約金（敷金の一部）として受け取ったら、オーナーは承諾書（LOI= Letter of Intent）をテナントに差し入れて申し込みを確定します。

2 賃貸借契約書にサインし、デポジットの残額請求

　申込みが確定したら、次に賃貸借契約書（Tenancy Agreement）を交わします。契約書にサインをしてから7日以内に残額分を請求します。

①家具付きの物件は2カ月分。1年ごとに1カ月分の敷金
②光熱費のデポジット 約1000RM
③州政府へ支払う印紙代 （テナント負担）

3 印紙代を納付

賃貸借契約書を登記局（Stamp office）に送り、印紙代を納付し、オーナーとテナントは一部ずつコピーを受け取ります。賃貸借契約書は、印紙手続きを終えてはじめて有効になります。

4 チェックするポイントについて

以下に、賃貸借契約書の一般的な項目とそのチェックポイントを紹介します。もちろん、確認すべき事項はこれだけではありませんので、疑問点があれば、不動産会社に確認するようにしましょう。

現地では、英語のやりとりということもあり、不動産会社に任せきりになってしまう人もいますが、少なくとも下記に記載した項目については、自分の目で確認するようにしてください。

（最低限確認する内容）
◎オーナーとテナントの名前
◎物件の所在地
◎賃料
◎賃貸期間

---

①契約期間と更新の定め

賃貸借契約は、通常、マレーシア人は年単位、外国人は２年単位です。テナントが更新前に解約する時期を打診してきた場合に備えて、賃貸借契約にはあらかじめ解約事項を含めておくことが一般的です。

また、外国人がテナントの場合、転勤などの理由による途中解約条項（Diplomatic clause）を入れることがあります。その際、解除につきオーナーに不利になるような条文が入っていないかを確認する必要があります。

　「更新の可否」も重要なチェック項目です。マレーシアの賃貸契約の多くは1年契約です。テナントが3カ月前までに連絡をしない限り、自動継続（1年間）になります。

②**賃料や管理費（共益費）の額、支払い、滞納時のルールなど**
　まずは賃料や管理費の額と支払い方法、支払い期日を確認します。多くの場合、振り込みや小切手で、翌月分を前月末日までに支払うことになっています。また、滞納時に延滞金が発生する場合には、延滞利率についても確認しましょう。

　賃料の改定についての取り決めがある場合には、その内容も確認します。賃料改定の際にトラブルとなる場合もありますので注意しましょう。

③**敷金など**
　マレーシアの慣習で、敷金として、賃料、印紙代のほかに光熱費のデポジット（保証金もしくは預かり金）を受け取ります。光熱費の契約は、オーナー側が行うことが多いです。

④**禁止事項**
　禁止事項の例としてはペットの飼育、楽器演奏、勝手に他人を同居させること、無断での長期不在、危険物の持ち込みなどがありますが、契約によって異なります。

⑤修繕

　特に注意するのは入居中の物件の修繕に関する取り決めです。日本同様、マレーシアでも賃貸借契約書に、修理についての費用の負担や責任の所在を明確に記載します。特に家具付き物件を賃貸する場合、付帯設備となる家具や家電製品をリスト化します。故障・備品の不足がないかどうかを確認し、引き渡しの際、検査（Inventory Check）をします。

　また、「メンテナンスに関してはどうするか」を契約書で確認し、もし書かれていない場合には、別紙で故障した場合の処理方法を書き、署名します。備品ひとつでもどちらが負担するか、契約書またはサイドレターと呼ばれる添付書類の中できちんと取り決めておくことが望まれます。

⑥契約の解除

　契約解除の要件です。例えば、賃料などを滞納した場合や、テナントが禁止事項に違反している場合などが挙げられます。この場合、オーナーが退去通知を出せば、立ち退き費用を用意する必要もなく、3カ月後に退去させられます。マレーシアの法律では大家と借り手の間の関係は、賃貸契約によって規定され、日本のように借り手が強い立場で居住権を主張することは難しいです。

　なお、テナントに特に落ち度がない場合でも、契約書に「どちらかの当事者が3カ月前までに文書による通知をすること」と規定しておいたうえでオーナーが退去通知を出せば、賃貸契約を解除できます。

⑦原状回復の範囲と内容

　賃貸借の契約で最もトラブルになりやすいのが原状回復に関わる取り決めです。トラブル回避のためには、原状回復に関する取り決めをできるだけ明確にしておくことが大切です。

5 賃貸契約書作成の注意事項

　日本国内の不動産賃貸制度と違って、アジア諸国では日本のような「宅建資格」の制度がありません。

　日本の場合は、宅建資格者が賃貸契約書を作成しますが、マレーシアの場合、一般的に、オーナーが法律事務所の弁護士に依頼して、契約書を作成してもらいます。

　マレーシアの法律に関する知識が低い現地仲介会社に賃貸契約書を作成してもらうのは危険です。現地の実績あり、信頼できる法律事務所に相談することをお勧めします。

4　管理会社を見極めるチェックポイント

1　賃貸借契約の締結内容が条件に反映されているか

　契約内容や契約条件について双方が合意して、いったん契約を締結してしまうと、その後、一方的に解約を申し出ても、それが認められるとは限らず、違約金等が発生する可能性もありますので、事前に契約内容を十分に確認することが重要です。契約後のトラブルを回避するためには、契約条件が正確に契約書に反映されているかどうかをしっかりと確認しましょう。

2　テナントを集めることができるか

　管理会社を選ぶとき、日本と同様に、管理する物件の空室率はどれくらいか、どういった属性のテナントを集められるか、インターネットや情報誌などに頻繁に広告を出しているかなどを調べておきましょう。

3　トラブルに迅速に対応できるか

　一般的にトラブル（修理修繕、設備機器の保守／点検など）が発生した場合、テナントはオーナーに連絡するはずです。トラブルがあったときテナントが安心できるようなサポート体制があるかどうかも不動産管理会社を選ぶひとつの基準になります。

第9章

出口戦略について

1　出口戦略の考え方

　不動産の出口戦略とは、どのような方法で不動産を売却して投下資金を回収するのかというシナリオを想定することをいいます。戦略は売却するときに考えるのではなく、購入する際に想定しておかなくてはいけません。

　不動産投資は、安定した家賃収入を得ることができる「インカムゲイン」や「賃貸利回り」が強調されるあまり、投資という視点がぼかされていますが、まぎれもなく不動産に投資をすることであり、売買益を得ることが本来の目的であることを認識しましょう。

1　自分の物件を知る

　敵を知る前にまず、自分を知らなければいけません。自分の所有する物件にはどんな「売り」があるのか把握しましょう。マーケットが悪くなっても、依然として人気があり高い価格を維持する不動産には理由があります。具体的には

その1　希少性　ほかにはない良い場所である
その2　収益性　賃貸収入が確実に見込める
その3　担保力　金融機関からの評価が高い
その4　換金性　売却によって速やかに換金できる

　これらの4つの視点から、自分の物件の「売り」を知ることが出口戦略の第一歩です。

2 だれに売るのか？

次に重要なのは、「売却する相手がだれか？」です。「投資家か実需か」、「ローカル層か外国人か」、「個人か法人または不動産会社か」など、だれに売るかで戦略が異なります。

売る相手やターゲットが間違っていると売れるはずの物件でも売れなくなります。そして、マレーシアの場合、多民族国家ということを忘れてはいけません。インド系マレーシア人居住エリアにある物件なのに、中国語で広告を出して、華僑系マレーシア人に売り込んでも、思うような価格は出てきません。「だれになら売れるのか？」は、周辺物件の過去の取引事例を調べます。エリア別、物件タイプ別の成約事例をヒアリングして、どういった人が購入しているか確認してみましょう。

①ローカル層

マレーシア国内の地元の不動産購入者は、低価格物件しか購入しないと思われがちですが、90％以上の融資を受けられるため、50万RM（リンギット）以上の物件を購入する投資家も多いです。一般企業で働くマレーシア人の会社員でも、共同名義や担保を入れて、400万（1億円）RMクラスの物件を購入する投資家もいます。

それができるのは、マレーシアの金融機関が、ローカル層に対し、投資用、住宅用に限らず不動産ローンを積極的に融資しているからです。また、マレーシアでは、日本と違い、収益物件でも居住物件でもローンに違いがありません。日本だと収益物件は、購入者が投資家に限られますが、物件所有数や融資制限もないため、購入者層が広がります。

②外国人投資家層

　外国人投資家でもローンを利用できるので、日本を含め、アジア、欧米などの海外投資家もターゲットになります。ただし、注意しなければいけないのは、外国人投資家のマーケット規模です。国内購入者に対する外国人購入比率は、全取引数の数％しかありません。海外の投資家だけに売却先を絞り、過度に期待することはお勧めしません。

3　いつ売るか？

　不動産投資の出口戦略では、重要なことがもうひとつあります。それは、「いつ売るか？」です。不動産価格は、金融政策や開発計画と表裏一体です。未来に何が起こるかというスケジュールを立てて、売却の計画を考えましょう。売却のタイミングは、全体のマーケット状況を敏感に察知することもさることながら、物件や周辺の状況を判断することも重要です。以下にいくつか「売却タイミング」を挙げておきます。適切な売却タイミングを見逃さないようにしましょう。

◎竣工後、需要が増えるとき
◎周辺で大型商業施設が完成したとき
◎周辺で新しい駅の建設、または周辺で新線路建設が発表するき
◎周辺でランドマークが完成したとき
◎不動産業者が買い取りを要求してきたとき。買主から買いたいと言われれば高く売れます）
◎低金利になったとき。低金利は買い時ではなく、売り時です。物件購入者が金利を少ししか払わずに済むために需要が膨らみ、高い価格でも売却できる環境になるからです。金利が低下したので、不動者を購入しようと考えたときには、すでに不動産価格は、割高になっ

ています
◎類似の売り物件が多くなったとき。同じ条件の物件が急激に増えてきたら、危険シグナルです

2　住宅物件タイプ別の出口戦略

1　区分所有の出口

　区分所有物件の出口戦略は、物件サイズによって変わります。出口を考えた場合、最も転売しやすいのは、実需層および投資家がターゲットになる90〜120平米前後の物件です。実需層向けに転売する場合、家具付きリフォームにすると物件価値のバリューアップが見込めます。

　80平米以下の物件、特にスタジオタイプなどの小さい部屋は、購入層の多くが実需層ではなく、投資家です。これらは人気ですが、価格単価は高くなり、マーケットに左右されやすいです。逆に大きい部屋（150平米〜200平米）は、価格単価は低いですが、賃料単価も低いため、運営費や修繕費の負担割合が大きくなりがちです。表面利回りと正味のネット利回りの差が結構出ます。賃貸できる層も限られてくるので、敬遠されがちです。

　区分所有コンドミニアムの建て替えは、多くの所有者がいるため基本的には建て替えは難しいことが前提で投資をしましょう。区分所有の建物が老朽化してきた場合、日本と同様に区分所有者の同意がないと建替えができません。

2　リンクハウス、セミデタッチ（連棟式戸建て）の出口

　リンクハウスや、セミデタッチハウスなど連棟式の土地付き物件は、現地実需層に人気です。これらの物件に住むのは全体の約50％ですが、今後、さらに増える傾向があります。居住先に関するアンケート調査によると、75％が「将来、土地付き住宅に居住したい」と回答し

ています。マレーシアの中間所得層は、価格が高い都市中心部にあるコンドミニアムより、KL（クアラルンプール）郊外（KL市内から車で20分〜40分）の戸建物件に住居を構えることを考えているようです。

その理由のひとつは、家族が増えるとより大きな住居スペースが必要となるからです。都心部の一等地の土地付きリンクハウスでは価格が高いため一般の中間所得層には手が届きません。家族が増えると、都心から20分〜40分離れた住宅地に移る傾向です。

例えば、都心部から離れて、タマンデサという街には、築後10年以上経過したリンクハウス物件が多いですが、これらは売りに出るとすぐに買い手が付くほど人気になっています。

リンクハウスやセミデタッチは、現地ではインカムゲインとキャピタルゲインの両方が狙える物件として大変人気があります。

しかし、リンクハウスにも欠点があります。それは、連棟式の所有敷地は少ないため、実質の解体、建て替えが困難なことです。隣が売りに出るようなことがあれば、買い増しして将来建て替えも視野に入ってきますが、運が必要ですのであまり期待はできません。

3 一戸建て（バンガロー）の出口

表面利回りは低いですが、キャピタルゲインを狙うなら、資産性が高い一戸建て（バンガロー）です。売却する場合は、一般の実需層や投資家だけでなく、開発用地を探すデベロッパーもターゲットとなるので、出口は豊富です。また、出口戦略を考えるうえで、一番応用が利くのがバンガローです。売却、建て替え、駐車場への転換など柔軟に対応ができます。

4　一棟の出口

マレーシアでは、日本でよくみる小規模の一棟アパートはほとんどなく、数十戸から数百戸の大型マンション、コンドミニアムばかりです。理由は、都市開発をするマスターデベロッパーが細かく土地の分譲をしたがらず、スケールメリットにあわない小規模の一棟アパートを建てないからです。そのため、一棟コンドミニアムは、数十億円規模のものが多く、売却先は一般的な個人投資家よりも、再販目的の不動産会社、資金力のある投資家、事業会社、再開発目的のデベロッパーがメインになります。

コラム：リースホールドの売却タイミング

日本では借地権は、流動性が低く敬遠されがちですが、マレーシアでは、リースホールド（借地権）とフリーホールド物件の価格、担保価値や流動性はほとんど変わりません。不動産鑑定会社ファーストパシフィック社のリー氏は、「マレーシア人にとって、リースホールドかフリーホールドかはそれほど重要ではなく、物件の立地やクオリティ、需要と供給のバランスのほうが比重が大きい」と話します。

リースホールド物件を所有している投資家が気にするのは「いつ売却するか」です。National Buyers Association によると、一般的に、「フリーホールド」と「99年間のリースホールド」物件のリセール価格は、ほとんど変わらず、最初の20〜30年は同じように上昇する傾向があります。なかには、

リースホールドの物件がフリーホールドを上回る価格で取引されるケースもあります。銀行のローン手続きや評価についても影響はありません。

　しかし、残存期間が50年以下になると価格の上昇に影響してきます。それは金融機関が残存期間50年以下のリースホールド物件について融資を厳しくしているため、次の買い手が付きにくくなるからです。リースホールドをスムーズに売却するには、残存期間が50年以下になる前に手を打ちましょう。

3　転売する場合の売却プロセス

　転売するときの売却プロセスと仕組みについて、未完成物件と完成物件に分けてご説明します。

1　未完成物件を転売する場合

　マレーシアで未完成物件を転売しようとしても、原則として、物件価格の変更は、名義変更してからでないとできません。名義変更できるのは、売買契約書を締結し、決済してからです。
　また、ローンを利用する場合は、融資が下りて、金融機関がデベロッパーに支払いを終えてはじめて名義変更ができます。「ローンが実行されて代金全額の支払いと引き換えに物件の所有権が買い手に移転する」のは日本もマレーシアも同じです。
　しかし、マレーシアの場合、ローンが支払われるまでには、通常約3カ月かかり、売買契約締結から所有権移転までに6～12カ月くらい時間がかかります。
　ここで説明したのは、売り主の承諾を得ずに転売するケースです。売り主である開発会社が、買主同士の転売を認める場合は、ブッキング期間中でも転売が可能です。ただし、手付金を入れてから30日以内に頭金の支払いと売買契約の締結を求められるので、売却できなければ自分で購入するというリスクを負うことになります。

◎未完成物件の転売　ケーススタディ

　Aさんが50万RMの物件を購入し、Bさんに転売するケースを紹介します。

　Aさんは、買付申込みと同時に1％の手付金5,000RMを売り主のデベロッパーに入れました。

　その後、Aさんの物件を気に入ったBさんが55万RMで買いたいと申し出てきたため　Aさんは55万RMで売却することに同意しました。元の売主であるデベロッパーに承諾を得ようとしたところ、AさんがBさんに購入する権利を譲渡することに合意してくれたので、Aさんは売買契約を締結する前に、Bさんに転売することができます。

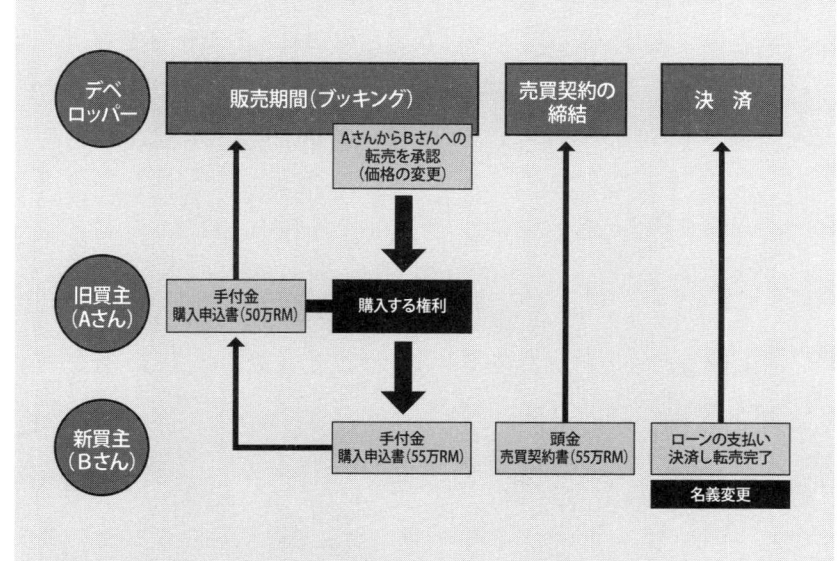

	販売期間（ブッキング）	売買契約の締結	決済
デベロッパー	AさんからBさんへの転売を承認（価格の変更）		
旧買主（Aさん）	手付金 購入申込書(50万RM) → 購入する権利		
新買主（Bさん）	手付金 購入申込書(55万RM)	頭金 売買契約書(55万RM)	ローンの支払い 決済し転売完了　名義変更

転売にあたっては、AさんからBさんに権利を譲渡するときに手付金の支払いの義務が生じてきます。これには、大きく2つの流れがあります。

◆その1：デベロッパーがBさんからAさんへの手付金の支払いを承諾した場合

購入する権利を譲ってもらったBさんは、Aさんに手付金を支払い、物件の頭金である10％を1カ月以内にデベロッパーに支払います。

◆その2：デベロッパーがBさんからAさんへの手付金の支払いを承諾しない場合

デベロッパーが「Aさんが買付申込と同時にデベロッパーに支払った手付金（5000RM）をBさんに譲渡することを認めない」場合、Bさんもデベロッパーに対して手付金を支払う必要があります。デベロッパーから見ると、AさんとBさん、両方から手付金を徴収したことになります。

以上を踏まえて、売買契約書を締結を行い、銀行から融資が実行されれば、転売の完了です。

このとき、Aさんが売却によって得た利益（5万RM）は課税対象になり、譲渡税（保有期間が5年以内は5％）を支払う義務が発生します。

2　完成物件を転売する場合

　マレーシアで完成物件を転売する場合、通常、エージェント経由で買主からの買付申込書を待ちます。

　マレーシアでの買付は、Letter of Offer（買付証明または買付予約）と呼ばれます。日本と違う点は、Letter of Offer と一緒に物件価格の1〜3%の予約金を支払う点です。買主から出された Letter of Offer に売主がサインをしたら、仲介会社の仕事はほぼ終わりです。

　その後、売買契約から登記までは、仲介会社ではなく、売り手と買い手がそれぞれ Solicitor と言われる弁護士を通して行います〔※マレーシアの法制度は、コモンロー（判例法）に基づいて、法律専門職はひとつに統合されており、「Advocates and Solicitors」として知られています。コラムを参照〕。

　双方の担当弁護士によって売買と登記手続きが進められ、担当弁護士が不動産売買契約、ローン契約、賃貸契約などを作成します。これらはすべて英語ですが、登記と政府承認関係の書類はマレー語で書かれています。売買契約から3〜6カ月して政府の承認が出るまでは特に何もアクションする必要はありません。

　州政府の合意が出された後は、政府承認から起算して通常、90日以内に決済を行うのが通常です。これに遅れると30日間の延長決済期間を経て、売り手側が売買契約を破棄して手付金を没収できます。

コラム：売買契約書の作成

　マレーシアの場合、売主と買主は、同じ弁護士を指名することができません。売主の指定弁護士は買主の指定弁護士と売買契約の詳細について交渉しながら、書類を作成します。

第 10 章

マレーシアで
うまく運用する秘訣

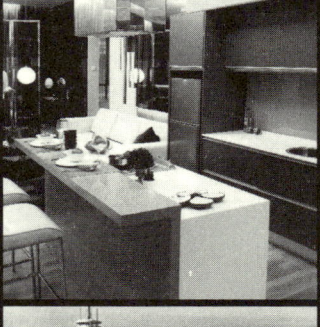

1 秘訣 その1
〜ネットの広告物件に気をつける〜

　マレーシアの不動産を扱うサイトが多数あります。「そこに掲載されている物件についてどう思いますか」と質問をされることがよくあります。

　結論からいうと、投資として考えるなら注意が必要です。なぜなら、ウェブサイトで広告している物件は、なんらかの「プレミアム＝コスト」が上乗せされている物件が多いからです。例えば、プレビルド投資した物件を売却する投資家は、「竣工プレミアム」を上乗せしてウェブに売却情報を掲載しています。日本での投資に慣れた方はプレビルド投資よりも中古を好む傾向があるので、注意が必要です。

　もちろん、"落とし穴かどうか"を見極める方法はあります。条件が同じような物件の周辺相場のスクエアフィート単価を比較してみることです。その単価が、周辺相場と比べて明らかに高い場合は、「プレミアム」が上乗せされた物件だと言えるでしょう。

　不動産投資は、最初に購入したときに決まるといっても過言ではありません。高値で購入してしまったら、損切りするか、マーケットの価格が追いつくまで塩漬けするしかありません。不動産は何もしなくても所有しているだけで税金や保険、金利がかかります、賃貸に出して、持ち出しになれば負の資産です。

　ネットで手に入る情報にすぐに飛びついて、無駄な「プレミアム」を支払わないようにしましょう。

2 秘訣　その2
〜川上の情報を仕入れる〜

　不動産の人気が高いマレーシアでは、投資が過熱し始めています。年々価格が上昇し、立地が良くて価格が安い物件情報を仕入れるのが難しくなっています。現地に住まない外国人にとって、有益な情報を独自で発掘するは至難の業です。「マレーシア　不動産」とインターネットで検索すれば腐るほど売買物件は見つけられますが、そのなかで、優良物件は数えるほどしかありません。優良物件は、市場に出る前に地元の有力投資家にとられてしまい、何のネットワークも持たない外国人個人投資家にはまわってきません。では、現地にいない私たちが「川上の優良情報」を仕入れるにはどうすればよいのでしょうか？

　その答えは、プラットフォームを利用することです。プラットフォームとは、いわゆる物件情報や投資ノウハウを共有する現地投資家同士のネットワークです。有力な投資家は、ブローカーの情報もさることながら、デベロッパーから仕入れる未公開情報だったり、政府の開発計画で公開されていない情報を共有しています。プラットフォームを通じて得られる情報は、鮮度が高い「川上の情報」です。現地の投資家はこうしたインサイダー情報をもとに先んじて優良物件に投資し、利益を上げています。逆に、外国人が購入する物件を追いかけるのは危険です。なぜなら、外国人が手にする情報は「川下の情報」で、売れ残り物件になりがちだからです。残り物の不人気物件に投資すれば、次の転売先を見つけるのが困難になります。

　現地のネットワーク＝プラットフォームをうまく利用して、川上の情報を仕入れることが、マレーシアの不動産で安く仕入れる秘訣です。

3 秘訣 その3
～現地の専門家とチームプレーで勝負する～

　あの『金持ち父さん、貧乏父さん』を書いたローバトキヨサキ氏も「投資はチームでやるスポーツ」だといっています。私たちが運営する「マレーシア不動産投資クラブ」もそのチームのひとつですが、「なぜチームが必要なのか？」をご説明します。

(その1)
　まず、不動産投資には信頼ができる相談相手が必要です。現地のマーケットに詳しい人。長期的な視点で社会、経済、市況の流れを汲み取り不動産価値を判断できる人。各分野に優れたネットワークを持っている人。銀行に融通が利く人。専門的な税の知識を持っている人。将来設計を提案できる能力を持った人。
　こうした相談ができる経験者、専門家がいるチームは頼りになります。

(その2)
　投資戦略の共有ができます。チームであれば、購入するときだけでなく、その後の賃貸から売却までの作戦を一緒に考えられます。不動産投資は、なんといっても地元の人が情報を握るローカルビジネスです。海外投資であれば、なおさらです。うまく不動産を運用するには、ローカル層の投資法を学ぶことにつきます。

(その3)
　物件の収集力についてもチームは効果的です。個人で物件紹介を仲介会社任せにしておくと、投資家が希望する物件を探してくれるというよりも、仲介会社トが売りたい物件を紹介されます。彼らの仕事は、売主と買主のセッティングが終われば完了です。売ることが念頭にあ

るので、ひとりの個人投資家のために手間と時間をかけてまで考えてくれません。しかし、投資クラブのような団体は、仲介会社だけでなく現地の不動産会社からも大事なクライアントとして扱ってくれるので、本当にメリットがある物件情報しか持ってこないようになります。

(その4)
　何より、心理的な面でもチームは役立ちます。海外でいざ投資するという場面になったとき、ひとりでは不安感に襲われることもあるでしょう。そんなとき、チームは大きな存在になります。成功したときに喜びも共有できます。万が一、うまくいかなかったとしてもひとりで悩まずにチームの仲間に相談に乗ってもらえる安心感があります。

(その5)
　チームで投資するメリットはまだあります。チームのバーゲニングパワー、つまり共同購入による交渉力です。個人投資家ひとりの資金力や交渉力には限りがあります。団体なら、デベロッパーも交渉に応じてもらえます。

(その6)
　チームの規模が大きくなれば、デベロッパーを相手に商売するランドバンキングやファンドを組成して開発に参加することも可能です。

　他にもいろいろ理由はありますが、相談できる仲間、現地の専門家と一緒に「チームプレーで投資する」ことが、海外不動産投資を成功させる秘訣ではないでしょうか。

あとがき

　本書を手に取っていただいて、最後まで目を通していただきありがとうございます。

　グローバル化、ボーダレス化が進んだ今、大企業だけではなく、中小企業、個人も海外に投資する時代がやってきました。インターネットのない時代には、海外投資は一部の富裕層や大手企業に限られていましたが、今では、ネット環境さえあれば個人レベルであっても、すぐに情報が手に入り、簡単に投資できます。

　高成長を続けるアジア圏への移住、海外不動産に注目度が高まり、さまざまな情報がネット上にあふれています。例えば、Googleで「マレーシア　不動産投資」と検索すると約52万件のページがヒットします。しかし、"数"は多くても、"質"はどうでしょうか。信頼をおける情報がいまだ少ないのが現状ではないかと思います。ネット上に海外不動産情報サイトが日々、増殖する中、目的の情報になかなかたどり着けないこともあるのではないでしょうか。

　こうした状況のなか、刻一刻と変化するマーケット情報や法律、税制、カントリーリスク、経済環境、投資環境、カルチャーを「横断的に説明するガイドブックがほしい」というリクエストを多くの方からいただき、本書を執筆させていただくことになりました。本書を読んだからといって、マレーシアの不動産投資がすべて分かるわけではありませんが、マレーシア不動産事情の全体感を把握する情報として、

不動産を売買や賃貸するときの一助になれば光栄です。

2013 年 4 月吉日
マレーシア不動産投資クラブ
池田　哲郎

～読者の皆さまへ～

　本書では可能な限り、最新の情報をお届けするように努めていますが、マレーシアのマーケット状況はめまぐるしく変化しているため、時の経過によりデータに差異が生じる場合があります。

　最新の情報については、次ページ以降で紹介しているマレーシア不動産投資クラブのブログや定期勉強会、パンローリングの書籍コーナーなどで、随時アップデートするように努めます。同時に、読者の皆様におかれまして、新聞やテレビ、インターネット等の幅広いソースによる総合的な情報収集を心がけていただけると幸いです。

～免責事項～

　本書のコンテンツは、「マレーシア不動産投資クラブ」が調査し、作成していますが、読者の皆様への情報提供を目的としているものであり、特定の不動産活動の勧誘や推奨等を目的としたものではありません。

　読者の皆様の最善の益になると思われる情報を提供していますが、時間の経過や不動産マーケットの移り変わりにより、情報が古くなったり、不正確な部分が含まれている可能性もあります。そのため、不動産を購入した方が何らかの不利益を被ることも起こりうるかもしれません。投資判断および不動産契約につきましては、あくまで、皆様各自のご判断により実行していただくようお願いいたします。いかなる場合であろうとも、不動産業者およびオーナーと読者との皆様の間における交渉・契約等の行為、結果については「マレーシア不動産投資クラブ」は一切の責任を負わないものとします。

特典について

マレーシア不動産にはどういうものがあるのか。実際の例をカラーで、できるだけ多く紹介したいという考えから、読者限定の特典として、事例集をダウンロードしていただく形をとりました。主に次のような情報を載せています。

◎物件の写真（外観）
◎スクエアフィート価格単価の推移（棒グラフ）
◎物件の概要（エリアや参考価格、完成時期、タイプなど）
◎物件の特徴
◎物件の価格と収益性
◎レーダーチャート
　（テナント需要、競合物件と比べた優位性、周辺相場と比べた割安感、
　　利便性、将来の成長性、家賃保証、ビュー、デベロッパーの信用力）
◎キャッシュフローシュミレーション
◎ KLCCのコンドミニアムマップ

　少しでもマレーシア不動産に興味を持っていただけるようであれば、幸いです。

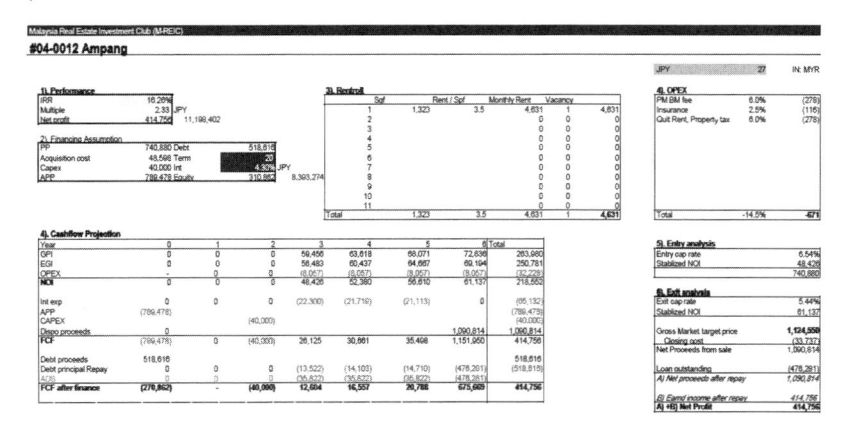

◆キャッシュフローシュミレーション

③クアラルンプール地区南部
（KLセントラル物件事例）

エリア ロケーション	ブルックフィールズ KLセントラル駅から徒歩圏内
参考価格／単価	2400万円　2LDK 販売時　350RM psf → 2012年780RM psf
タイプ	38建コンドミニアム。
完成時期	2002年竣工
所有形態	フリーホールド
賃料保証	なし

【スクエアフィートあたり価格単価の推移】

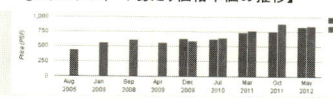

物件の特徴
・大型複合施設内にある38階建高級コンドミニアム。ロケーションは、空港高速電車、国鉄、私鉄が乗り入れる基幹駅KLセントラル駅から徒歩圏内。駅の隣には、多くのオフィスビルが建設中でショッピング モールの工事などが行われています。さらにエンターテイメントセンター、コンベンションセンターなど開発され、周辺エリアの価格が上昇中です。KLCC近辺の交通渋滞が深刻化する中、市街地まで車で10分の所に位置し、KLセントラル駅近辺が、急速に人気が高まっています。

価格と収益性
・販売当初300RM psf以下で販売された価格が年々上昇し、2012年時点の売買取引価格は750RM psfを超えています。月額賃料単価は、約2.0～2.5RM psf。2015年までには、1,200～1,400RM psfあたりまで上昇する可能性あり

③クアラルンプール地区南部
（KLセントラル物件事例）

（レーダーチャート：テナント需要／競合物件と比べた優位性（立地、建物のグレード等）／周辺相場と比べた割安感（単位面積あたり価格）／利便性／将来の成長性（賃料および価格、流動性）／家賃保証／ビュー／デベロッパーの信用力）

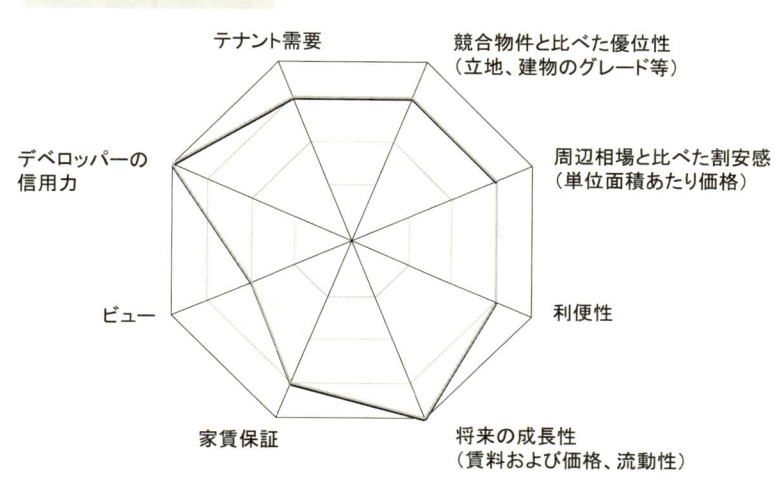

～マレーシア不動産投資クラブについて～

　マレーシア不動産投資クラブは、不動産業界、金融業界経験者が中心となって発足した日本初の海外不動産投資クラブです。不動産投資の経験の有無に関係なく楽しくマレーシアの不動産投資の研究することを目的に活動しています。運営者の豊富な経験を活かし、仲間どうしでサポートしながら投資するのがこのクラブの趣旨です。

クラブに参加すると……

①海外不動産投資について知識のない方や、ひとりでは自信がないといった方でも、仲間（会員）同士で学習しながら投資を始められます。
②マレーシア不動産投資クラブの不動産視察ツアーや勉強会、交流会に参加することで、海外不動産マーケットの知識や教養の幅が広がります。
③現地の投資会社やデベロッパー、金融機関、政府組織とのネットワークを駆使し、発表前の未公開情報や非公開情報を仕入れています。特別なルートで仕入れる情報をクラブ会員で共有し、一緒に投資戦略を考えることはもちろん、魅力的な物件に投資することもできます（※投資判断は個人の判断によるものです）。

＜無料メール会員＞
　入会費、年会費無料。勉強会情報、ツアーのお知らせ、物件の案内メールを配信。さらに、クラブで過去に取り扱った物件をご覧いただけます。

＜有料クラブ会員＞

入会費 52,500 円

特典1：未公開物件、バルク購入クラブディール案件などクラブ会員限定物件の紹介

特典2：勉強会参加費、視察ガイド費用、MM2Hビザ取得等のディスカウント

特典3：物件購入から、賃貸、売却までのサポート

特典4：合同会社社員権

特典5：海外税務無料相談

特典6：海外不動産投資に関する個別相談（マレーシア、タイ、ミャンマー、フィリピン等）

特典7：海外進出相談

特典8：不動産投資キャッシュフローシミュレーション／バリュエーションサービス　（持込物件対応）

特典9：会員限定マニュアル　（「会計税務編」「銀行審査編」他）

　マレーシア不動産投資クラブ入会に関するお問い合わせは、下記の運営事務局までご連絡ください。

運営会社：株式会社マクロマイスター

協力会社：AZIASSETS、SOO & CO 法律事務所、他

連絡先　：運営事務局（info@macromeister.com）

●マレーシア不動産投資クラブの定期勉強会

　マレーシア不動産投資クラブでは、毎回テーマを変え、不動産投資に欠かせないトピックをテーマに定期的に勉強会を開催しています。

【開催例】
第12回（10月28日）
地域別分析　ジョホール州編
第13回（11月17日）
物件の投資分析／タイ不動産投資倶楽部との共同セミナー
第14回（1月19日）
知らなければ損するマレーシアの「会計税務」
第15回（2月23日）
不動産権利関係、不動産の売買について
第16回（3月30日）
これだけは知っておきたいマレーシアの「賃貸管理」と「ジョホール投資」
第17回（5月11日）
現地マレーシア人に一番人気の「投資物件」（個人でもできる商業用不動産）

　ほかにも、これから海外不動産のリサーチを始めたい方、また、不動産について特別な知識をお持ちでない方でも理解いただけるよう、アジア各国の基本知識を中心に学ぶ「無料勉強会」も実施しています。

●マレーシア不動産投資クラブのブログ紹介

　ブログ「マレーシア不動産投資ノススメ」では、投資クラブ運営パートナーによるマーケット情報や不動産投資の解説、役に立つお得な情報をお届けしています。

本書の刊行にあたり、多くの皆様にお世話になりました。この場を借りて御礼を申し上げます。著書の機会を与えていただいたパンローリング社の後藤康徳様と、編集を担当していただいた磯崎公亜様、本当にありがとうございました。編集者の方をはじめ、ご協力いただいた皆様方には，格別のお力添えを賜り，深甚の敬意と謝意を表します。

　　　　　　　マレーシア不動産投資クラブ　運営事務局一同

著者紹介

◎池田　哲郎（いけだ　てつろう）/ マレーシア不動産投資クラブ　主宰

愛知県出身。海外大学卒業後、2003年NYSE上場日系投資会社に入社。米国連結会計、NYSE投資家開示資料を担当。その後、モルガン・スタンレー・キャピタルで不動産ファンドMSREFの投資アナリストとして財務モデリング、不良債権・不動産投資分析を担当。メリルリンチ日本証券を経て、日本初の海外不動産投資クラブである「マレーシア不動産投資クラブ（M-REIC）」を発足。自らも不動産投資を実践し、定例で投資家向けの勉強会、セミナーなどの講演を行っている。
カナダ マギル大学　経営学修士　ファイナンス専攻。

執筆協力

◎リック・スー

マレーシア出身、シンガポールで高校卒業後来日。日本文部省国費生で大学、大学院（博士課程）を経て、日本の大手上場企業に入社、海外事業進出を担当。現在、マレーシアの不動産投資会社AZIASSETS役員、SOO Corporate Services役員、SOO & CO法律事務所・外国法人進出アドバイザー。一族は、2世代に渡りマレーシアおよび東南アジアで日系企業の海外活動、日本企業の海外進出のコンサルタント業務を請け負ってサポートしている。
当クラブでは、マレーシアの投資コンサルタントおよび海外進出のアドバイザー、共同運営者として参画。不動産経営者や一般投資家向けの勉強会、セミナーなどの講演も行っている。
明治大学 経済学科卒業、大学院 修士/博士課程 経済学研究科・産業政策専攻。

2013 年 06 月 03 日　第 1 刷発行

マレーシア不動産投資のススメ
～不動産購入前の注意事項、運営管理から投資戦略まで～

著　者	マレーシア不動産投資クラブ　池田哲郎
発行者	後藤康徳
発行所	パンローリング株式会社
	〒 160-0023　東京都新宿区西新宿 7-9-18-6F
	TEL 03-5386-7391　FAX 03-5386-7393
	http://www.panrolling.com
	E-mail　info@panrolling.com
装　丁	パンローリング装丁室
組　版	パンローリング制作室
印刷・製本	株式会社シナノ

ISBN978-4-7759-9121-3

落丁・乱丁本はお取り替えします。
また、本書の全部、または一部を複写・複製・転訳載、および磁気・光記録媒体に入力することなどは、著作権法上の例外を除き禁じられています。

【免責事項】
この本で紹介している方法や技術、指標が利益を生む、あるいは損失につながることはない、と仮定してはなりません。過去の結果は必ずしも将来の結果を示したものではありません。この本の実例は教育的な目的のみで用いられるものであり、売買の注文を勧めるものではありません。

本文 © Tetsuro Ikeda　図表 © PanRolling 2013 Printed in Japan

海外に、もうひとつ暮らせる場所を持ってみませんか?

新発売

はじめてのタイ不動産投資
コンドミニアム購入の仕方と投資のポイント
著 バンコク大家

手間要らず&低額で投資できる
タイのコンドミニアムは
- プールやフィットネス付きの新築物件が250万円から
- パスポートのみで予約可能
- 外国人名義で登記可能

はじめてのタイ不動産投資

著者:バンコク大家
A5判、ソフトカバー、274頁
ISBN 978-4-7759-9119-0
定価 **1,500**円+税

●目次
序章 タイへようこそ / 第1章 世界中の人が大好き タイの魅力とは? / 第2章 知られざる魅力がいっぱい! タイ不動産 / 第3章 タイ不動産の購入ステップと注意点 / 第4章 タイ不動産における収益確保 ~キャピタルゲインを狙う~ / 第5章 タイ不動産における収益確保 ~インカムゲインを狙う~ / 第6章 私の新築物件購入記「いかにして購入を思い立ち、物件を絞り込んでいったか」/ 第7章 エリアの特徴と不動産事情 バンコク編 / 第8章 エリアの特徴と不動産事情 パタヤ編

コンドミニアム購入の仕方と投資のポイント

プール付き、フィットネス付きのコンドミニアム（30平米）を低予算（250〜300万円程度）で買うことが可能。これがタイ不動産最大の魅力です。本書では、タイのコンドミニアムを手に入れる方法をはじめ、キャピタルゲイン（売却益）狙いならどういうところ注目すべきか、インカムゲイン狙いならどういうところに留意すべきかを詳しく解説。バンコク＆パタヤという、人気エリアの不動産事情やこれから伸びるであろうエリアの情報も掲載。

◎タイ不動産の魅力と特徴を、現地にいないとわからない「生の情報」で徹底的に紹介
◎新築コンドミニアム・中古コンドミニアムの買い方など、物件購入の流れを詳しく解説
◎物件価格の10％の資金でスタートできる"プレビルド投資"の詳細解説
◎キャピタルゲイン（売却益）とインカムゲイン（家賃収入）の両方の立場から見た「収益確保の方法」について紹介
◎バンコクの最新不動産事情を紹介
◎人気エリア「パタヤ」の不動産事情も紹介
◎今後、不動産事情が活況になるであろうエリアをオリジナルマップで紹介

終身旅行者

資産運用、ビジネス、居住国分散
―― 国家の歩き方 徹底ガイド

木村 昭二【著】

PT

早くも3刷

購入者特典　終身旅行者プレミアムレポート

読者の特典として、終身旅行者プレミアムレポートがダウンロードできます。巻末の袋とじにダウンロード用アクセスキーが収録されています。

橘玲氏推薦
「日本」というリスクを分散するための知的冒険。

定価 本体2,800円＋税
ISBN:9784775991183

※画像はイメージです

6つの国を使い分ける人生設計入門
国家に依存しない生き方!
ライフスタイルに合わせて国家を自由に使い分けよう!

終身旅行者は、通常、母国を含めて5から6カ国を使い分けます。たとえば、蒸し暑い夏は涼しくて過ごしやすいカナダのバンクーバーで過ごし、寒い冬は南半球のオーストラリアかニュージーランドで過ごし、春になり暖かくなってきたら日本で過ごすというサイクルを繰り返すライフスタイルです。

本書で分かること
- 日本の非居住者となるメリット
- PTにとって重要な国際税務とビザの問題
- 移住、出国で事前に検討すべき問題
- 主要45カ国・地域のタックス・ヘイブン、居住権・市民権、不動産事情 など

相場の未来を予測するために

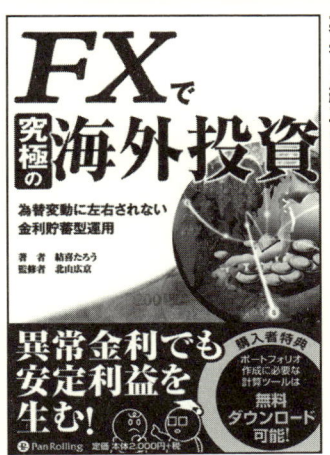

FXで究極の海外投資
著者：結喜たろう

定価 本体 2,000 円+税　ISBN:9784775991114

"英語は苦手だけど、海外投資はしてみたい""使う予定のないお金を低リスクでコツコツ増やしたい""バクチは嫌"な方へ。通貨ペアの組み合わせでリスク分散高安定のスワップ長期運用法！

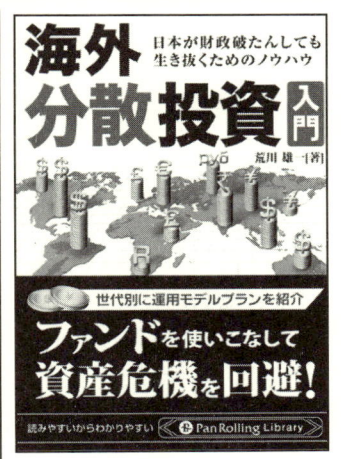

海外分散投資入門
著者：荒川雄一

定価 本体 700 円+税　ISBN:9784775930809

世代別に運用モデルプランを紹介
ファンドを使いこなして資産危機を回避！
海外ファンドで資産を殖やすために最低限知っておきたい常識。

ETF 世界を舞台にした金融商品
著者：浅川夏樹

定価 本体 1,500 円+税　ISBN:9784775990889

長期有望・高利回り銘柄を維持しながら空売りETFで目先の下落リスクも回避。実践家が説く使い方、選び方。簡単・明解・低コスト。「こんな投資をしてみたい」という個人投資家の理想！

海外ファンドのポートフォリオ
著者：荒川雄一

定価 本体 2,800 円+税　ISBN:9784775990834

人生目標にあった運用計画を立てて維持するためのノウハウ。IFA（独立系ファイナンシャルアドバイザー）の賢い利用法。10年先の資産運用に不安を感じる方、必見！

株式関連書籍

リスク限定のスイングトレード
著者：矢口新

出来高急増で天底（節目）のサインを探る！

定価 本体1,600円+税　ISBN:9784775991084

【これまでは「出来高」は地味な存在だった】何日ぶりかの出来高急増は節目（最良の売買タイミング）になりやすい！　節目を確認して初動に乗る「理想のトレード」で損小利大を目指す。

板読みデイトレード術
著者：けむ。

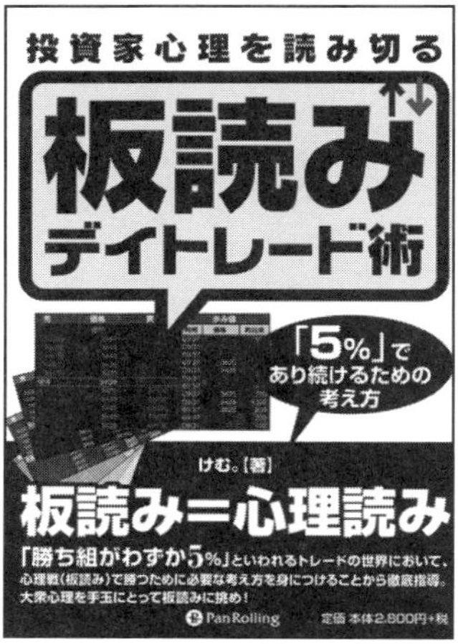

投資家心理を読み切る

定価 本体2,800円+税　ISBN:9784775990964

板読み＝心理読み！の視点に立って、板の読み方や考え方だけではなく、もっと根本的な部分にあたる「負ける人の思考法」「勝つための思考法」についても前半部分で詳説。

生涯現役の株式トレード技術【生涯現役のための海図編】
著者：優利加

定価 本体5,800円+税　ISBN:9784775971482

数パーセントから5％の利益を、1週間から2週間以内に着実に取りながら"生涯現役"を貫き通す。そのためにすべきこと、決まっていますか？わかりますか？

バリュー投資の強化書
著者：角山智

定価 本体2,800円+税　ISBN:9784775990681

明らかに"割安な銘柄"を買ったにもかかわらず、株価が思うように上がらないのは何故なのか。本当のバリュー投資を解説。

株式関連書籍

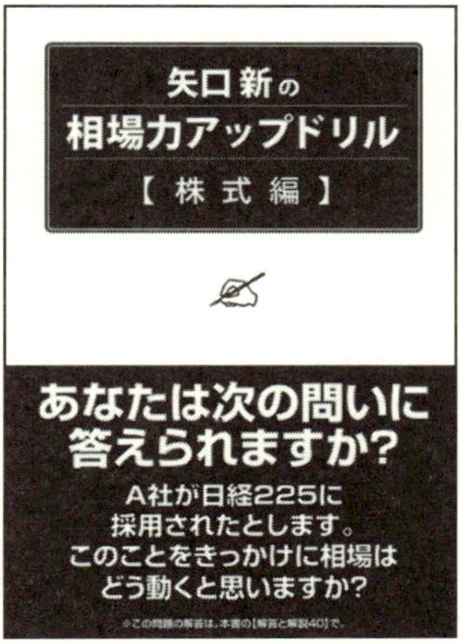

矢口新の相場力アップドリル 株式編
著者：矢口新

定価 本体1,800円+税　ISBN:9784775990131

実需には量的な制限が、仮需には時間的な制限がある。自分で材料を判断し、相場観を組み立て売買につなげることができるようになる。

為替編　定価 本体1,500円+税　ISBN:9784775990124

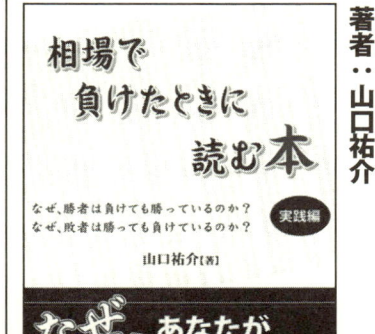

相場で負けたときに読む本 実践編
著者：山口祐介

定価 本体1,500円+税　ISBN:9784775990476

あなたが本当に"勝者"であるならば、読む必要はありません。あなたがなぜ負けているのか。思い当たることがきっと書かれている。

真理編　定価 本体1,500円+税　ISBN:9784775990469

株式投資の裏技 株式投資のゆがみに注目して資産を増やす方法
著者：JACK

定価 本体1,600円+税　ISBN:9784775990988

「投資では何が起こるか予測がつかない」という前提の下、JACK氏の経験を参考に、リスクを極限まで抑えながらきっちり利益を上げていく方法を紹介。

5段階で評価するテクニカル指標の成績表
著者：矢口新

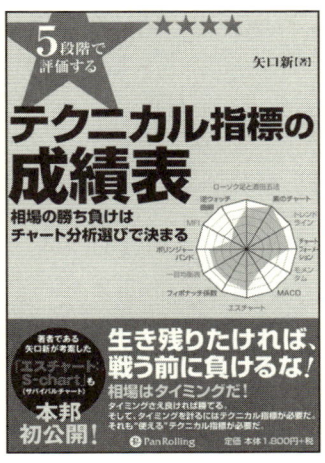

定価 本体1,800円+税　ISBN:9784775990926

相場のタイミングを知るにはテクニカル指標が必要だ。それも、"使える"テクニカル指標が必要なのだ。著者が考案したテクニカル指標も本邦初公開。

ＦＸ関連書籍

1分足のレンジで勝負！行き過ぎを狙うＦＸ乖離(かいり)トレード

著者：春香

定価 本体 2,000 円+税　ISBN:9784775991060

【独自のインジケーターで短期（1分足）のレンジ相場の行き過ぎを狙う】1ヵ月分（2011年1月）の「トレード日誌」で勝ち組トレーダーの頭の中を公開！

待つＦＸ　1日3度のチャンスを狙い撃ちする

著者：えつこ

定価 本体各 2,000 円+税　ISBN:9784775991008

毎月10万円からスタートして、月末には数百万円にまで膨らませる専業主婦トレーダーがその秘密を教えます。

17時からはじめる東京時間半値トレード

著者：アンディ

定価 本体2,800円+税　ISBN:9784775991169

予測が当たっても儲からないことはある。予測以上に考えなければならないのは「どうポジションを作るのか」です。「半値」に注目した、シンプルで、かつ論理的な手法をあますことなく紹介！

iCustom(アイカスタム)で変幻自在のメタトレーダー

著者：ウエストビレッジインベストメント株式会社

定価 本体2,800 円+税　ISBN:9784775991077

自分のロジックの通りにメタトレーダーが動いてくれる。そんなことを夢見てEA（自動売買システム）作りに励んでみたものの、難解なプログラム文に阻まれて挫折した人に読んでほしいのが本書です。

Chart Gallery 4.0 for Windows

パンローリング相場アプリケーション
チャートギャラリー
Established Methods for Every Speculation

最強の投資環境

成績検証機能つき

● 価格（税込）

チャートギャラリー 4.0	
エキスパート	147,000 円
プロ	84,000 円
スタンダード	29,400 円

お得なアップグレード版もあります

www.panrolling.com/pansoft/chtgal/

チャートギャラリーの特色

1. **豊富な指標と柔軟な設定**
   指標をいくつでも重ね書き可能
2. **十分な過去データ**
   最長約30年分の日足データを用意
3. **日々のデータは無料配信**
   わずか3分以内で最新データに更新
4. **週足、月足、年足を表示**
   日足に加え長期売買に役立ちます
5. **銘柄群**
   注目銘柄を一覧表にでき、ボタン1つで切り替え
6. **安心のサポート体勢**
   電子メールのご質問に無料でお答え
7. **独自システム開発の支援**
   高速のデータベースを簡単に使えます

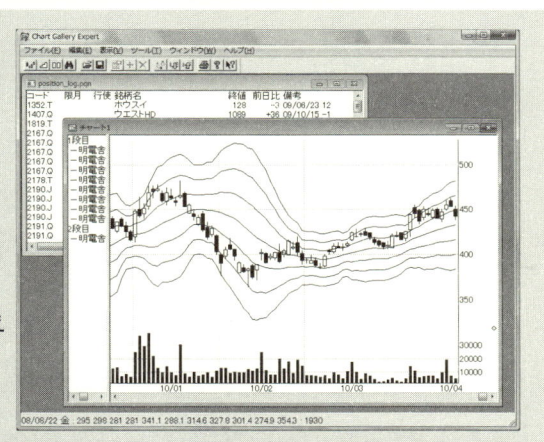

チャートギャラリー　エキスパート・プロの特色

1. 検索条件の成績検証機能 [エキスパート]
2. 強力な銘柄検索（スクリーニング）機能
3. 日経225先物、日経225オプション対応
4. 米国主要株式のデータの提供

検索条件の成績検証機能 [Expert]

指定した検索条件で売買した場合にどれくらいの利益が上がるか、全銘柄に対して成績を検証します。検索条件をそのまま検証できるので、よい売買法を思い付いたらその場でテスト、機能するものはそのまま毎日検索、というように作業にむだがありません。
表計算ソフトや面倒なプログラミングは不要です。マウスと数字キーだけであなただけの売買システムを作れます。利益額や合計だけでなく、最大引かされ幅や損益曲線なども表示するので、アイデアが長い間安定して使えそうかを見積もれます。

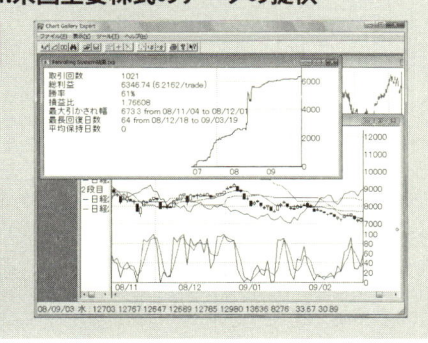

がんばる投資家の強い味方　Traders Shop

http://www.tradersshop.com/

24時間オープンの投資家専門店です。

パンローリングの通信販売サイト「**トレーダーズショップ**」は、個人投資家のためのお役立ちサイト。書籍やビデオ、道具、セミナーなど、投資に役立つものがなんでも揃うコンビニエンスストアです。

他店では、入手困難な商品が手に入ります!!

- 投資セミナー
- 一目均衡表 原書
- 相場ソフトウェア
  チャートギャラリーなど多数
- 相場予測レポート
  フォーキャストなど多数
- セミナーDVD
- オーディオブック

ラリー・ウィリアムズの
フォーキャスト 2013
年11000%の男が語る
世界市場の方向性と転換点

ここでしか入手できないモノがある

さあ、成功のためにがんばる投資家は
いますぐアクセスしよう！

トレーダーズショップ 無料 メールマガジン

●無料メールマガジン登録画面

トレーダーズショップをご利用いただいた皆様に、**お得なプレゼント**、今後の**新刊情報**、著者の方々が書かれた**コラム**、**人気ランキング**、ソフトウェアのバージョンアップ情報、そのほか投資に関するちょっとした情報などを定期的にお届けしています。

まずはこちらの
「**無料メールマガジン**」
からご登録ください!
または info@tradersshop.com まで。

パンローリング株式会社　　お問い合わせは

〒160-0023　東京都新宿区西新宿 7-9-18-6F
Tel：03-5386-7391　Fax：03-5386-7393
http://www.panrolling.com/
E-Mail　info@panrolling.com

携帯版